SARA

OOK VERKRIJGBAAR IN DE MIJN MOMENT-REEKS:

SPOED
- Dokter Velghes laatste ingreep
- De kracht van Valentijn
- Een man om van te houden
- Onverwachte gebeurtenissen

HANNAH
- Zo dodelijk kan passie zijn...
- Verliefd op Fuerteventura
- De stad van de Engelen
- Eindeloos

ZUSSEN
- Verboden liefde
- Overspelige mannen
- Liefde en succes
- Echte liefde

SARA
- Onverwacht succes
- Zorgen om Maaike
- Schokkend nieuws

TEKST: Ria Maes
VORMGEVING: Katrien Van De Steene - Whitespray



ISBN 9789492328144

RIA MAES

# SARA

## KIEZEN VOOR GELUK

1 MAART 20 UUR 50

De eerste dag van maart staat alweer op de kalender en ik hoorde net van weerman David dat de weerkundige lente in het land is. Een mededeling waar ik instant gelukkig van word. Je merkt het ook aan kleine dingen zoals de voorjaarsbloeiers die in onze tuin enthousiast de kop opsteken en de vogels die 's morgens weer opgewekt fluiten. Vooral het feit dat de dagen langer duren, maakt me blij. Die extra minuten licht geven me extra energie.

Niet dat ik in de winter een grote brok chagrijn ben, maar het goede weer geeft mijn humeur toch echt wel een boost. Ik heb zelfs meteen ons vake gebeld om te vragen of we zaterdag weer eens gaan stappen. Het is lang geleden dat we nog samen een lange wandeling maakten en ik ben eraan toe. Hij gelukkig ook en de afspraak is gemaakt. Terwijl mijn vader en ik door bossen en velden trekken, kan Simon met Sen langs Margot gaan, de mama van Simon. Handig gespeeld van mij? Misschien wel. Ik probeer de band met haar weer aan te halen, maar het blijft toch wat onwennig voelen. Ik voel me in haar nabijheid nog altijd een vreemde eend in de bijt, de Sara met de bril, de beugel en de vodderige kleren. Margot is een vrouw van de wereld, wat moet ze met een schoondochter zoals ik die slechts op een gekunstelde manier in haar wereld terecht is gekomen.

“Dat verbeeld je je maar,” zegt Simon, als we het daar af en toe nog eens over hebben, maar voor mij voelt het echt zo. Ik weet nog steeds niet goed hoe ik me tegenover Margot moet gedragen. En ja, dan grijp ik elke gelegenheid aan om Simon en Sen alleen naar hun moeder en oma te laten gaan. Natuurlijk wordt het zo nog moeilijker om de band aan te halen met mijn schoonmoeder, maar ik kan het niet helpen dat ik me zo voel.

Maar goed, het is nog geen weekend natuurlijk. We hebben de week vandaag middendoor gezaagd en morgen, donderdag, staat er een drukke dag op het programma met vergaderingen over nieuwe collecties, plannen maken voor de modeshow, het bespreken van enkele verschuivingen binnen het personeelsbestand en meer van die praktische zaken. Ik ben benieuwd of ik het allemaal in een dag rond ga krijgen. Ik heb namelijk wel eens vaker de neiging om mijn agenda overvol te laden om dan achteraf te moeten constateren dat ik niet elke doelstelling voor de dag heb gehaald. Een dag zou wat extra uren moeten tellen om alles voor mekaar te krijgen.

Nu ja, zo is het dus niet. Ook voor mij zitten er niet meer dan vierentwintig uur in een dag en ik kan niet meer doen dan mijn best. Wat gedaan is, is gedaan, de rest moet wachten tot een andere dag.

Voor vandaag is het in elk geval gedaan met werken. Ik duik zo meteen mijn bad in en ga daarna met een glaasje wijn en wat zoute koekjes binnen handbereik voor de televisie hangen tot Simon weer thuis komt van een werkdiner. Tijd voor wat ontspanning.

2 MAART 23 UUR 40

Ik geloofde mijn eigen ogen niet. Een Engels modetijdschrift heeft een foto geplaatst van één van mijn hoedencreaties en er de titel: 'Veelbelovend talent' bij geplaatst. Meer dan verdiend, volgens Simon, maar voor mij bijna niet te geloven dat dit gebeurd is. Hoe komen ze trouwen aan die foto? Waar komt dit opeens vandaan?
"Talentscouts, schat," volgens Marnix.
Talentscouts, ja komaan zeg. Hoe zouden die plots op mijn hoeden zijn gekomen? Ik heb geen idee. Zo vreemd, maar ook wel leuk natuurlijk. Ik weet niet hoe vaak ik het tijdschrift al heb vastgepakt en weer weggelegd om het vervolgens weer te bekijken. Het is alsof ik verwacht dat de foto uiteindelijk toch een keer weg zal zijn.

"Straks maak je furore in Groot-Brittanië," zei Simon toen we nog maar eens samen de foto bekeken. Ja, ja, grappig. Hij kan er wel om lachen, ik blijf me erover verbazen, maar ik blijf ook heel nuchter. Laat me maar met mijn twee voetjes stevig op de grond blijven. Mijn hoedjes zijn nu al een beetje een uit de hand gelopen hobby, veel gekker moet het echt niet worden.

Marnix besloot er toch ook nog een schepje bovenop te doen.
“Als jouw hoedjes straks in Engeland echt gaan scoren, dan kunnen we ook met onze andere collecties daar uitpakken. Zoooo spannend. En pas op, dat kan nu zomaar eens gebeuren. Die modetijdschriften hebben een grote impact. Man, man, wat heerlijk.”

Ze lopen wel heel hard van stapel, de twee mannen. Een foto, meer is het niet. Misschien, en meer dan waarschijnlijk, hoor ik er gewoon nooit nog wat van. Dan koester ik dit tijdschrift om het later tijdens het ophalen van leuke herinneringen aan mijn kleinkinderen te tonen ☺.

3 MAART 19 UUR 50

Sen ligt al ronkend in zijn bedje. De voorbije schoolweek heeft hem duidelijk uitgeput. Hij kan er maar van genieten, de schat.

Zelf heb ik vandaag het nieuws over het Engelse modetijdschrift wat tot me laten doordringen. Eigenlijk geweldig toch. Ik heb er nooit aan gedacht om zelf een ontwerper genoemd te worden en dan gebeurt het opeens.

Hier kan ik wel veilig toegeven dat ik toch een beetje trots ben op mezelf. Buiten dit dagboek zal ik dat nooit toegeven, want zo zit ik niet in mekaar. Ik ga niet met mijn neus in de wind lopen. Maar, hier onder ons gezegd: ik vind het wel leuk en het streelt mijn ego wel een beetje.
En wat me vandaag dan nog het meeste plezier deed, was het afgunstige gezicht van Britt. Ze kan het duidelijk niet goed plaatsen, die secretaresse van ons. Als iemand nooit gedacht had dat ik nog eens de glossy bladzijden van een Engels modetijdschrift zou halen, dan zal zij het toch zeker wel zijn.

Grappig, echt grappig.

4 MAART 18 UUR 40

De wandeling met ons vake heeft me heel veel deugd gedaan. Het was trouwens zalig weer om te wandelen. We hebben heel wat kilometertjes in de benen zitten nu en dat voel ik wel, maar het is een fijne vermoeidheid. Mijn hoofd is weer helemaal leeg en ik weet nu al dat ik straks heerlijk zal slapen. De natuur is wel degelijk uit haar winterslaap aan het ontwaken, dat merk je als je door de bossen wandelt. Het

dorre van de bomen in de winter maakt weer langzaam plaats voor lichtgroene knopjes aan de uiteinden van de takken en hier en daar duiken wat frisse bloemetjes op tussen de boomstammen en vogels beginnen aan hun nestjes te werken. Ik word daar zo blij van. Net zoals ik ook altijd blij word van de gesprekken met vake, hij blijft mijn soulmate, de man met wie ik alles kan delen en die me ook altijd onvoorwaardelijk zal steunen. We hebben samen zoveel watertjes doorzwommen ons vake en ik en ik ben zo blij dat hij er altijd voor mij is geweest, ook al stond hij er helemaal alleen voor. Mijn leven lang blijf ik hem daar dankbaar voor, al wil hij over die dankbaarheid niets horen.
"De normale taken van een vader heb ik gedaan," zegt hij dan. Ja, maar wel aangevuld met die van een moeder die ons veel te vroeg heeft moeten verlaten.

Al wandelend praten ons vake en ik over koetjes en kalfjes, aan een stuk door, alsof we elkaar in geen jaren hebben gezien of gesproken ☺. We zijn weer helemaal bij wat de grote en kleine gebeurtenissen in elkaars levens betreft en dat is ook een zalig gevoel. Met alle drukte op het werk en thuis is er soms tijd te kort om eens deftig alles door te praten en dan is het fijn dat dat op deze manier toch eens kan. We hebben geen geheimen voor Simon of voor Lut en toch hebben we behoefte aan deze vader-dochtermomenten.

Het valt me op dat ons vake de laatste tijd meer en meer

over ons moeke praat. Is dat omdat hij ouder wordt en meer met zijn herinneringen bezig is? Ik weet het niet. Vroeger zou ik het er moeilijk mee gehad hebben omdat mijn verdriet om haar er elke keer door werd opgerakeld. Maar nu kan ik er veel beter tegen en hoor ik al die verhalen over mijn moeder graag. Bij elk verhaal leer ik haar weer een beetje beter kennen. Natuurlijk weet ik hoe mijn moeder was, maar ik geniet vooral van de verhalen van voor de tijd dat ik geboren was. Ik kan er niet genoeg van krijgen en ik vind het vooral zalig om te horen dat ik zo op haar lijk en dat ook bij Sen duidelijke trekken van haar te herkennen zijn. Het is leuk om zowel op vake als op moeke te lijken, uiterlijk en innerlijk. Het waren en zijn twee mooie mensen, met het hart op de juiste plaats.

5 MAART 19 UUR 15

Phoe, ik ben blij dat deze dag voorbij is. Althans, niet deze dag op zich, maar het vervelende werkje dat ik vandaag heb opgeknapt. Al maanden roep ik dat ik mijn kleerkast eens moet herschikken, net zoals die van Sen, maar het kwam er maar niet van. Nu de zwaarste winterkleding weer uit de kast mag en, tot na de zomer, opgeslagen wordt op zolder was dit het geschikte moment voor de grote opruim.
Een hele klus met bedden vol kleren en ik die er zuchtend op sta te kijken, maar het is me gelukt en het is waar: opgeruimd

staat netjes. Het is geweldig om nu de kast open te trekken en er probleemloos uit te halen wat ik nodig heb. Ik heb niet veel weggegooid. Ik ben ook niet de vrouw die onoverdachte aankopen doet en elk jaar de helft van haar garderobe vervangt, maar sommige spullen gaan toch richting kledingcontainer. Oké, dat hebben we dan weer gehad. Mooi werk, Sara, al zeg je het zelf.

Het was trouwens niet allemaal kommer en kwel vandaag, want mijn mannen en ik zijn net een heerlijke pizza gaan eten en nu duik ik in een lekker warm bad met veel schuim. Kwestie van morgen relaxed aan de dag en aan de nieuwe werkweek te kunnen beginnen.

6 MAART 21 UUR 50

Nu moet het toch echt niet gekker meer worden. We hebben een mail gekregen van het modetijdschrift waarin een foto van mijn hoedjes stond. Ze willen een fotograaf en een journalist langs sturen overmorgen. Blijkbaar zijn die in het land voor een paar andere shoots en interviews en ik sta op hun verlanglijstje. Help! Of ze, naast mij, ook enkele van mijn hoedjes mogen zien en fotograferen. Met mij willen ze een gesprek over leven en werk. Leven en werk, als dat niet kunstzinnig klinkt. Man, man, wat hangt me nu weer boven het hoofd?

Ik stond eerst op het punt om er me met een smoes vanaf te maken, maar Simon verklaarde me gek.
"Dat is toch alleen maar leuk, Sara. Hier kan je simpelweg niet onderuit. Een reportage in een Engels tijdschrift, wie kan dat zeggen? Besef je wel wat dat betekent?"
Hij heeft gelijk, ik ga het doen, al was het maar voor de eer en opnieuw voor de herinneringen voor later. Ik zal maar al beginnen met mijn Engels wat bij te schaven zodat ik daar niet met rode wangen zit tijdens dat interview en enkele van de hoedjes klaarleggen die ik graag wil tonen. Mijn allernieuwste ontwerp, het zwarte met de fleurige knopen erin verwerkt, moet zeker een plaatsje krijgen, net zoals het fleurige exemplaar, bewerkt met grote bloemen en kraaltjes. Kwestie van de diversiteit in mijn ontwerpen duidelijk aan te tonen. (Oh nee, het succes begint me al naar het hoofd te stijgen ☺)

7 MAART 20 UUR 20

Eerst dacht ik nog dat het misschien wel om een grap ging, maar het is wel degelijk gebeurd. De journalist en fotograaf uit Engeland zijn op bezoek geweest bij Présence voor een gesprek met mij en de aangekondigde fotoshoot en, ik kan niet anders zeggen: ze hebben er hun werk van gemaakt. Zowat de hele namiddag hebben ze de tijd genomen om enkele van mijn creaties op hun best te fotograferen. Achtergrond, belichting,

alles moest helemaal juist zitten. De journaliste was een jonge vrouw met wie ik het meteen goed kon vinden. Ze loofde me om mijn creaties en wilde alles over me weten. Ze gaf me echt het gevoel dat ik belangrijker was dan ik in werkelijkheid ben. Maar, voor een keertje kan ik daar wel eens van genieten.
Nu ja, ik ga nog altijd niet zweven. Ik weet hoe het gaat bij fotoshoots en interviews. Tonnen gespreksstof en hopen foto's en dan worden er amper een paar lijntjes uit de tekst gebruikt en staat er een miniatuurfotootje bij. Goed, we zien het wel. Dit was alleszins al leuk om te doen.

Ja, ik ben blij dat Simon en Marnix me over de streep hebben getrokken. Waarom zou ik het ook niet doen? Wat heb ik hiermee te verliezen? Het is gewoon een hele leuke ervaring geweest en mijn hoedjes, daar ben ik best wel trots op.

En, er is nog groot nieuws, in de huiselijke sfeer dan. Het gaat om Sen. Eigenlijk zo'n nieuwtje dat ik moet aankondigen met het nodige tromgeroffel. Onze zoon heeft officieel een eerste vriendinnetje ☺. Al wekenlang praat hij zonder ophouden over Silke en nu heeft ze blijkbaar ja gezegd toen hij verkering met haar vroeg. Hoe grappig is dat.
Wij hebben er in elk geval hartelijk om gelachen, Simon en ik. Natuurlijk maakten we ons wel vrolijk over dit nieuws zonder dat Sen daar iets van merkte. Onze jongen meent het namelijk allemaal heel serieus en dan mag je zijn gevoelens niet belachelijk maken. Hij wil Silke graag een plezier doen en dus

neemt hij morgen snoepjes voor haar mee naar school, zure beertjes want die lust ze graag. Oh wat is het allemaal nog aandoenlijk op die leeftijd en wat is onze zoon toch een lieverd. De vrouw die hem echt krijgt, die mag blij zijn. En die aangeboren charmes, die heeft hij natuurlijk van zijn vader.

8 MAART 19 UUR 30

Minder goed nieuws dit keer, al is het al bij al nog wel meegevallen. Lieven heeft een auto-ongeluk gehad. De klap tegen een verkeerspaal moet niet klein zijn geweest. Gelukkig is hij zelf ongedeerd uit de auto gekomen, maar die auto is wel perte totale. Extra kosten voor Présence dus, want het is wel een wagen van het bedrijf.

Natuurlijk heeft meneer ook nog een zware boete te pakken omdat hij onder invloed reed.
"Dat moet je nu vooral niet dramatiseren," vond Simon. "Het was een randgeval, dat heeft de politie zelf gezegd toen ik hem ophaalde."
"Nu was het een randgeval ja, maar hoe vaak is hij al niet stomdronken achter het stuur gekropen. Het is gewoon verschrikkelijk dat hij dat doet, Simon. Stel je eens voor dat onze zoon wordt doodgereden door een dronken chauffeur. Hoe zou jij daar op reageren?"

"Stel je eens voor dat de lucht naar beneden valt, dan zijn we allemaal dood, Sara."

Oké, einde discussie. Ik weet trouwens niet waarom ik er überhaupt nog over begin. Simon zal Lieven toch altijd de hand boven het hoofd houden. Hij is de discussie ook niet waard eigenlijk. En dit keer is het gelukkig bij de blikschade gebleven en waren er geen andere auto's bij betrokken. Het had dus allemaal veel erger gekund.

Ik ga het er dus met Simon niet meer over hebben, maar bij mezelf vraag ik me wel af of Lieven ooit gaat opgroeien. Wanneer gaat hij dat pubergedrag eindelijk eens van zich afschudden en leven als een verantwoordelijke volwassene? Wordt hij daar nu zelf eigenlijk niet moe van? Het is bespottelijk gewoon.

9 MAART 22 UUR 45

Ik was al om half tien naar bed gekomen omdat ik zo moe was dat ik voor de televisie mijn ogen niet meer kon openhouden. Het zijn drukke dagen geweest. Maar nu ben ik dus weer klaarwakker. Dat heb ik dus altijd hé. Slaapdronken naar boven komen, mijn pyjama aantrekken en hop klaarwakker. Zo vervelend is dat.

Dan maar van de gelegenheid gebruik maken om nog wat in mijn dagboek te pennen. Al laat die inspiratie me dan ook weer wat in de steek. Er valt niet zoveel te melden over vandaag. Lieven heeft voorlopig een vervangwagen en er is een nieuwe auto voor hem besteld. Sen is nog altijd op vrijersvoeten en maakt elke avond tekeningen met hartjes voor zijn vriendinnetje. En Simon, die heef zich helemaal in het schaakspel verloren. Onvoorstelbaar is dat eigenlijk. Als er nu iets is wat ik vroeger nooit met Simon geassocieerd zou hebben, dan is het toch wel een sport als schaken. Hij schaakt via internet met mensen van over de hele wereld. Vanavond speelt hij een partij tegen Costas, een Griek met wie hij al wel eens eerder contact had.
Wie weet krijgen we Lieven ook nog wel eens zo ver dat hij begint te schaken in plaats zich te verliezen in het uitgaansleven. Hoewel??? Lieven en schaken, ik zie de combinatie helemaal niet. Zeg nu zelf: om te schaken heeft een mens toch echt wel een flinke dosis gezond verstand nodig en dat is iets wat ik Lieven niet echt toedicht.

Verder hebben we daarnet nog een bezoekje gehad van Lut. Een beetje onverwacht toch wel, want ze doet dat helemaal niet zo vaak, zomaar komen binnenwaaien. Eigenlijk doet ze dat zelfs nooit. Begrijp me niet verkeerd, ik vond het een fijn bezoekje, maar tegelijk ook wel een beetje verdacht. En dan vooral omdat ik vond dat Lut er nogal depri uitzag. Ik heb haar een paar keer gevraagd hoe het met haar ging, of alles we oké was. Ook toen we alleen in de keuken waren en Simon en Sen in de woonkamer televisie keken.

"Het gaat goed, Sara, echt waar," was elke keer haar antwoord. Maar ik ken Lut. Ze was zichzelf niet, straalde niet zoals anders. Ze ziet er duidelijk depri uit. Dat onverwachte bezoek alleen al maakte me achterdochtig, maar ik heb haar dus niet aan het praten gekregen. Volgens mij kwam ze wel degelijk om ergens over te praten, maar heeft ze daar uiteindelijk vanaf gezien. Nu ja, we hebben natuurlijk allemaal wel eens onze moeilijke momenten en soms voelt een mens zich down zonder dat daar een echt aanwijsbare reden voor is. Maar, ik zou Sara De Roose niet zijn als ik me toch niet wat zorgen maakte. Nu ja, zolang er maar niets mis is met haar gezondheid of die van ons vake. Ik ben als de dood dat het mis gaat met een van hen. Ons moeke verliezen, was een bijzonder zware klap, maar als er iets met Lut gebeurt dan zou dat ook heel zwaar doorwegen en als ons vake iets overkomt, dan weet ik niet hoe ik dat ooit moet verwerken. Al die jaren dat ik met hem lief en leed heb gedeeld, al onze gesprekken, ons gedeeld verdriet, het heeft onze band zo sterk gemaakt.

Er kan natuurlijk ook een andere kink in de kabel zitten. Ik schreef al dat ik ons vake ook anders vond dan anders en dat hij het steeds meer over ons moeke begint te hebben. Is het daar waar het schoentje wringt? Ik weet dat Lut het niet erg vindt als vake over ons moeke praat, dat ze dat begrijpt en zelfs aanmoedigt, maar het moet natuurlijk ook niet de spuigaten uitlopen. Heeft dat iets met haar gemoedstoestand te maken? Voelt ze zich achteruit gezet, voelt ze dat ze vecht tegen een schaduw die ze nooit zal kunnen overwinnen? Ik heb er eigenlijk nog nooit op deze manier over nagedacht, maar het zou kunnen dat zij zich tweede keus begint te voelen. Als vake en moeke meer tijd samen was gegund, dan zou zij immers nooit in beeld zijn gekomen in het leven van ons vake. Dat moet af en toe best een vreemde gewaarwording voor haar zijn.

Nu ja, ons vake en Lut die overleven het wel als ze problemen hebben in hun relatie. Ze zijn een sterk koppel. Zelfs bij de sterkste koppels heerst er weleens een stevige storm, maar als de liefde diep genoeg is, dan gaat de wind wel weer liggen en bij vake en Lut heb ik daar alle vertrouwen in.

Maar, zoals ik net al schreef: ik ben vooral bang dat een van hen gezondheidsproblemen zou hebben. Ik ga er misschien te vaak aan voorbij dat noch vake noch Lut nog jonge mensen zijn. Pfff, ik mag er echt niet aan denken. Waarom moeten we in het leven constant afscheid nemen van mensen en dingen? Waarom lijkt er altijd weer een kink in elke kabel te komen?

Niet bevorderlijk voor het inslapen als ik hierover begin te piekeren. Ik kan beter nog wat lezen, iets vrolijks of alleszins iets wat mijn gedachten afleidt.

10 MAART 14 UUR 10

Ik heb van de middagpauze gebruik gemaakt om Lut nog even te bellen.

"Je weet toch zeker dat alles oké is, Lut?" heb ik haar nog eens gevraagd. "Begrijp me niet verkeerd: je bent bij ons altijd welkom, dag en nacht en je hoeft je bezoek nooit op voorhand aan te kondigen, maar je onverwachte bezoekje heeft me toch een beetje bezorgd gemaakt."

"Nergens voor nodig, Sara, echt niet. Alles gaat goed hier, met mij en je vader. Ik ben gisteren zomaar even binnengesprongen."

Ze klonk opnieuw geforceerd, niet als de Lut die ik ken. En nee, dat verbeeld ik me niet.

10 MAART 23 UUR 50

Het einde van de week en dat hebben Simon en ik gevierd met een gezellig etentje terwijl Sen bij vake en Lut logeert.

Ja, 't was echt gezellig in het nieuwe restaurantje hier amper een paar straten vandaan. Leuk om zo dicht bij huis zo'n fijn adresje te hebben.

Heerlijk ook om er weer eens met z'n tweetjes uit te zijn. Begrijp me niet verkeerd, Sen zit ons nooit in de weg, maar soms moet je als partners toch eens onder elkaar kunnen praten, vrijuit zonder luisterende kinderoortjes. Vooral het gesprek over vake en Lut wilde ik niet voeren met onze zoon erbij.

Simon vindt trouwens niet dat ik me zorgen moet maken over ons vake en Lut.
"Komaan Sara. Als je aan iemand niet moet twijfelen dan is het toch aan je vader en aan Lut Dat is zo'n stabiel koppel, daar heb ik alle vertrouwen in," zei hij. "Iedereen heeft weleens moeilijke dagen natuurlijk en je vake zal een beetje in een dip zitten, maar daar komt hij wel weer uit. Lut zal hem ook de tijd daarvoor geven, dat zit goed tussen die twee, Sara, echt waar."
"En als er problemen zouden zijn met hun gezondheid, dan zou je dat ook weten. Je vader is een open boek naar jou toe."

Ergens weet en hoop ik dat hij gelijk heeft, maar ergens blijft toch ook dat andere gevoel knagen. Dat gevoel dat ons vake niet altijd een open boek is. Als hij denkt dat hij me gaat kwetsen, dan zwijgt hij. Ik kan me zo voorstellen dat hij tegen Lut zegt: "We gaan Sara voorlopig niets vertellen over mijn ziekte, Lut. Tijd genoeg als we zeker weten dat het helemaal niet goed met me gaat."

Ik besef dat Simon zo rationeel reageert. Volgens hem is

er niets aan de hand zolang je niet het bewijs krijgt van het tegendeel. Ik zie dat anders. Ik leef grotendeels op mijn gevoel en ik voel dan ook wanneer dingen niet goed zitten. Vooral bij mensen die ik heel goed ken, die me heel na aan het hart liggen. Ons vake voel ik aan als geen ander en ik voel nu dat er iets niet goed zit. Hij probeert de schijn op te houden. Zijn lach is geen echte lach en zijn ogen sprankelen niet. Het is een teken aan de wand dat er problemen zijn. Ons vake is normaal optimistisch en altijd klaar voor de toekomst. Hoe zwaar het leven hem ook valt, hij pakt de problemen aan en zorgt dat hij weer verder kan. Iemand anders kan hij nu misschien nog voor de gek houden, maar mij niet. En wat nu? Ik kan toch niet zomaar doen of mijn neus bloedt en hem laten afzien. Als hij het werkelijk mentaal moeilijk heeft, dan moet ik hem helpen of hem tenminste laten weten dat ik er ben. Maar hoe? Als een mens zich afsluit, hoe dring je dan tot hem door? Hoe krijg ik ons vake aan het praten of ik krijg ik Lut zover dat ze me in vertrouwen neemt? Ik heb eerlijk gezegd geen idee.

Dit weekend ga ik in elk geval een keertje, zogenaamd achteloos, bij hen binnenspringen. Zo kan ik de stemming peilen en hopelijk voor mezelf zien dat ik me vergis.

Maar wees gerust, ons etentje was niet alleen maar goed om over eventuele problemen te praten.
Simon en ik hebben het vandaag ook over leukere dingen gehad. Mijn hoedjes waren bijvoorbeeld een belangrijk onder-

deel van gesprek en ook Sen natuurlijk. Het is wat als je zoon zijn eerste vriendinnetje heeft ☺. We gingen zover dat we het zelfs al even over later hadden. Over het moment waarop onze zoon met een echte grote liefde thuis komt en aankondigt dat hij met haar wil trouwen. Ik weet het, we lopen ver op de zaken vooruit, maar de tijd gaat snel en het leven wacht niet. In gedachten probeerde ik me al voor te stellen hoe het zou zijn om voor een kleindochter of kleinzoon te zorgen. Het lijkt me heel erg fijn. Maar, eerlijk is eerlijk, ik ben toch blij dat dat moment nog een heel eind van ons af ligt. Ik wil nu nog volop genieten van onze schattige jongen. Zelfs al heeft hij een vriendinnetje, op dit moment blijf ik nog altijd de belangrijkste vrouw in zijn leven. Ik ben nog altijd degene bij wie hij op verhaal komt en die hem troost als hij zich niet goed voelt. Misschien is dat straks ook wel nodig, want op een eerste verliefdheid volgt meestal ook een eerste gebroken hartje. Maar goed, ook daarvan wordt een mens groot en sterk moeten we dan maar denken.

Waar Simon en ik het nog meer over hadden? Over ons natuurlijk en over hoe bevoorrecht en gelukkig we ons voelen. Het gaat ons zowel privé als zakelijk voor de wind en daar mag een mens af en toe wel eens bij stilstaan en dankbaar voor zijn. Bij deze, dat zijn we dus.

Het was echt een leuk avondje uit en het eten was ook super lekker. De kok werkt met een Italiaanse toets, maar hij kiest niet voor de typisch klassieke pizza's en lasagnes. Overal geeft hij zijn eigen schwung aan en dat maakt elk recept verrassend en vernieuwend. Een vrij kleine kaart ook zodat alles supervers op je bord komt, een echte aanrader en zeker een adresje waar wij vaker zullen terugkomen, mede ook door de vriendelijk bediening van de vrouw des huizes. Ik ga reclame voor ze maken en wens ze alle succes toe.

Simon heeft er ook van genoten en de avond heeft hem duidelijk doen ontspannen, want hij ligt hier vredevol naast mij te ronken. Ik zal zijn voorbeeld maar eens volgen denk ik. Ik ga moe en voldaan onder de wol zoals dat dan heet. Slaapwel en tot morgen!

## 11 MAART 17 UUR 40

Achteloos binnenspringen in mijn ouderlijk huis hoefde niet, want ik moest er toch zijn om Sen op te halen. Nu ja, niet dat ik een excuus nodig heb om thuis te komen, dag en nacht, ik ben er altijd welkom. Thuiskomen is altijd heerlijk. Ik blijf me er omringd voelen door zoveel warmte.

Maar vandaag was de stemming in mijn ouderlijke huis duidelijk niet zoals ik dat gewend ben. Zowel vake als Lut probeerden vrolijk en spontaan over te komen, maar ik zag nu wel heel duidelijk dat het fout zat tussen hen. Ze speelden een spelletje, maar ik prik er doorheen. Als vake en Lut met elkaar spraken, was dat via Sen. Nee, dit voelt niet goed. Dit voelt helemaal niet goed. Ik vraag me af hoe de stemming daar is als wij er niet zijn. Praten ze dan wel met elkaar zonder Sen als buffer?

De onderkoelde blik waarmee Lut ons vake aankeek toen hij me vertelde dat hij een oude vriend tegen het lijf was gelopen en dat ze samen uren hadden zitten praten over vroeger. "We worden veel te snel oud. Al die jaren die al voorbij zijn. Al die mooie herinneringen die nooit meer terug komen."
Zo praat ons vake normaal niet. Ik weet dat hij ons moeke altijd is blijven missen, maar hij heeft zijn leven weer in handen genomen en hij koestert de melancholie niet. Of beter, hij koesterde de melancholie niet. Nu is dat duidelijk anders.

Simon moet me nu niet meer proberen wijs te maken dat ik spoken zie. Het zit daar duidelijk niet goed tussen die twee. "Tja, lieve schat, als dat zo is, dan kunnen we daar maar weinig aan veranderen," antwoordde hij laconiek toen ik hem daar bij mijn thuiskomst over vertelde. "Je vader en Lut zijn twee volwassen mensen, veel ouder en wijzer dan wij en ze zullen hun eigen beslissingen moeten nemen."

Ze zijn inderdaad veel ouder en wijzer dan wij, maar moet ik dan maar lijdzaam toezien hoe een mooie relatie uit elkaar valt? Ik dacht het niet. Simon kent me nog niet goed als hij denkt dat ik ons vake er tenminste niet op ga aanspreken. Ik zou het verschrikkelijk vinden als hij Lut kwijtraakt. Lut is zo'n schat, zowel voor hem als voor ons. Ze draagt Sen op handen en het zou mijn hart breken als de band die wij hebben verbroken zou worden. Het einde van hun relatie hoeft natuurlijk niet te betekenen dat wij elkaar niet meer zien, maar het zou veel moeilijker worden om het contact te onderhouden, zeker als er misschien ooit een nieuwe man in het spel komt.

Oké, oké, nu loop ik wel heel hard van stapel. Het is niet omdat het even minder goed gaat, dat de relatie al meteen om zeep is. Kijk maar eens wat er tussen mij en Simon al allemaal is gebeurd en we zijn nog altijd samen en elke dag gelukkiger dan de vorige. Een tijdelijke dip hebben we allemaal wel eens en ons vake komt daar ook wel weer bovenop. Hij zal ook wel beseffen dat hij met Lut goud in handen en heeft en dat hij deze relatie moet koesteren. Ze kunnen elkaar niet missen, die twee. Zo'n schatten allebei, voor elkaar gemaakt en het beste wat ons vake na ons moeke kon overkomen.

12 MAART 18 UUR 15

Sen heeft er een bijzonder leuke dag op zitten en ik heb er zelf ook van genoten. Er waren wat vriendjes uit de klas op bezoek vandaag en zijn vriendinnetje was een van hen. Zo

schattig om die twee samen te zien.
Gek hoe zelfs op die leeftijd de patronen al duidelijk worden. Sen slooft zich werkelijk voor dat meisje uit en zijn pakt het heel geraffineerd aan. Kinderen zijn vandaag duidelijk veel sneller volwassen dan wij in onze tijd of toch zeker dan ik. Tegen de tijd dat ik door had hoe ik een man voor mij kon laten springen, was ik al met Simon getrouwd ☺. Het vriendinnetje van Sen draait hem moeiteloos om haar fijne vingertjes. Hij moet alle moeite voor haar doen en als hij geluk heeft, wordt hij beloond met haar aandacht.

"Wil je limonade, Silke? Met een rietje, Silke? Zal ik een koekje voor je halen? Met of zonder chocolade? Speel je dit spelletje niet graag, want dan spelen we wel iets anders, hoor, Silke. Of ga je liever wat tv kijken?"

Sen, Sen, Sen. Ongelooflijk hoe galant mijn jongen kan zijn. Als hij zo doorgaat, zal ik hem nog eens duidelijk moeten maken dat hij zich niet zo voor een meisje moet uitsloven, dat het niet allemaal alleen van zijn kant moet komen en dat zijn moeder het kan weten want dat ze zelf ook eens zo is geweest. Het is goed, leuk en lief om bekommerd te zijn om de mensen die je graag ziet, maar je mag er niet in overdrijven. Af en toe ook goed voor jezelf zorgen en zelfs jezelf op de eerste plaats zetten. Ik heb het, met heel veel vallen en gedwongen weer opstaan, moeten leren. Sen ga ik er zo vroeg mogelijk van doordringen. Ik wil niet dat hij dezelfde fouten maakt als

ik en dus dezelfde pijn moet voelen. Oké, het is allemaal goed gekomen, maar het waren soms harde noten om te kraken.
Maar zover zijn we dus nog niet. Voorlopig laat ik hem maar, hij is nog te jong om liefdeslessen te krijgen, vooral dan als het gaat om het feit dat mensen het niet altijd even goed met je menen als jij wel hoopt. Ik mag niet op de zaken vooruit lopen. Dit is zelfs nog geen kalverliefde. Dit is gewoon een leuke vriendschap tussen een jongen en een meisje en ze kunnen er allebei maar van genieten. Silke mag zich gelukkig prijzen met alle aandacht die Sen haar geeft en als ik haar zie stralen, dan geloof ik dat ze dat ook echt wel doet.

De moeder van Silke was trouwens ook al op de hoogte van de 'relatie' en we hebben er samen hartelijk om gelachen toen ze haar dochtertje weer kwam ophalen.
"Een mens herinnert zich plots hoe hij zelf is geweest op die leeftijd," zei de vrouw die ik al een tijdje ken van bij de schoolpoort. Ik heb Tamara altijd een van de leukste moeders gevonden die ik al heb ontmoet uit de vriendenkring van Sen. Dat zit dus ook wel snor. Ja, Sen had het slechter kunnen treffen voor zijn eerste verliefdheid ☺.
Tamara is nog een glaasje witte wijn blijven drinken en we hebben heerlijk zitten kletsen. Nog een bijkomend voordeel van deze 'prille relatie' dus. Ik heb er duidelijk een nieuwe vriendin bij.

Echt, het was een fijne middag. Druk, want sommige van die kinderen hebben wel wat decibels bij als ze beginnen te tateren,

man, man, man. Ons huis stond net niet op zijn grondvesten te daveren toen ze besloten om een spelletje tikkertje te spelen. Daar heb ik toch even streng moeten optreden.
"Tikkertje spelen we niet in huis, Sen. Er zijn nog genoeg andere spelletjes om hier te doen." Maar ik vind het fijn al die kids in huis. Een huis vol leven heb je met al dat jong geweld in huis. Al heeft dat voor mij ook een keerzijde. Het gemis begint erdoor te knagen, het gemis aan een broertje of een zusje voor Sen of misschien zelfs allebei. Drie kinderen, dat was mijn ideaal geweest. Ik weet niet waarom, maar dat getal zat altijd in mijn hoofd. Twee jongens en een meisje, dat had ik helemaal geweldig gevonden. En dat is nu uitgesloten, volstrekt onmogelijk.
De enige kinderstem die in dit huis elke dag zal klinken, is die van Sen. En nee, ik ben niet ondankbaar. Ik ben heel gelukkig met onze zoon. Ik moet de hemel op mijn blote knietjes danken dat ik zo'n geweldige jongen op de wereld heb mogen zetten en dat het helemaal goed is gekomen met zijn gezondheid. Dat zijn de dingen waar ik naar moet kijken, waar ik me op moet concentreren. Ik mag met niet blijven focussen op wat niet is en ook nooit zal komen. Het leven is te kort om bij die dingen, hoe zwaar ook, te blijven hangen.

Toch heb ik net stiekem een traantje weggepinkt. Stiekem, omdat ik niet wil dat Simon of Sen mijn tranen zien. Simon heeft het er zelf ook nog moeilijk genoeg mee. Hij zal het, deels om mij te sparen vermoed ik, ook nooit met zoveel woorden zeggen. Deels om mij te sparen, want deels zwijgt hij ook omdat hij zich de stoere man wil tonen, degene die het allemaal al lang verwerkt heeft. Misschien is dat ook wel zo. Mannen zijn toch anders waar het emotionele zaken betreft. Ze zijn er, beter dan wij vrouwen, toe in staat om een bladzijde om te slaan en verder te gaan met het leven.

Zelfs Sen voelt instinctief aan dat hij het onderwerp 'een broertje of een zusje' beter laat liggen. Hij heeft het er nooit meer over. Als er een kindje wordt geboren bij iemand van zijn klasgenootjes thuis, dan krijg ik dat via via te horen, nooit van hem. Hoe klein hij nog is, hij voelt dat het zijn mama telkens weer pijn doet. Ik gun het die andere gezinnen natuurlijk, maar ik had hier zelf ook zo graag nog een wiegje zien staan. Elk op onze manier, dragen we ons verdriet dus alleen.
Ik kan alleen maar hopen dat ook in deze de tijd alle wonden heelt en dat er een dag komt dat ik me helemaal bij de situatie kan neerleggen, dat ik me niet meer schuldig voel tegenover Simon en Sen omdat ik niet meer zwanger kan worden. Ooit, misschien…

13 MAART 18 UUR 20

Dit nieuws is zo ongelooflijk dat ik het meteen bij mijn thuiskomst in mijn dagboek moest schrijven. Een uurtje gele-

den kreeg ik telefoon uit Groot-Brittannië. Aan de lijn, Mary, de hoofdredactrice van Stylish, het modetijdschrift waarmee ik een paar dagen geleden een interview had. Het gesprek dat de journalist uitwerkte en de foto's die erbij horen, bevallen haar zo goed dat ze me uitnodigt bij de viering van hun vijfjarig bestaan. Bij die viering hoort een grote modeshow en op die show wil ze graag mijn hoedjes tonen.
"Er zullen heel wat belangrijke mensen uit de modewereld aanwezig zijn en het is een unieke kans voor iedereen die er zijn of haar creaties kan tonen," gaf ze me nog mee. Ik geloofde mijn eigen oren niet. Foto's en een interview voor Stylish dat was al een wonder op zich, nu nog een uitnodiging voor die bijzondere show.
De show vindt plaats in een prachtig kasteeldomein een vijftigtal kilometer buiten Londen. Ik was zelfs te verbouwereerd om meteen te antwoorden en liet haar de vraag nog een keer uitvoerig herhalen. Ik krijg gelukkig een paar dagen de tijd om over het aanbod na te denken en om te zien of ik de vier dagen die ik voor de reis uit moet trekken, kan inpassen in mijn agenda.

"Natuurlijk kan je dat inpassen en natuurlijk ga je daar naartoe," reageerde Simon meteen toen ik hem het nieuws meldde. "Sara, dit is een kans die je niet laat liggen. De tijd, dat is geen probleem. Je vertrekt op vrijdagmorgen en komt op maandagavond terug. Twee werkdagen kunnen we je wel missen bij Présence en in het weekend maken Sen en ik er gewoon een vader-zoononderonsje van. Ik weet wel wat leuke dingen te verzinnen om Sen zo druk bezig te houden dat hij je pas zal kunnen missen op de dag dat je alweer terugkomt."

Mijn zoon die me niet mist en Présence dat zonder mij ook wel draait, moet ik daar blij om zijn, Simon.
Niet belachelijk doen, Sara, hij bedoelt het goed en het is inderdaad an offer I can't refuse. Ik moet ervoor gaan. Het wordt een geweldige belevenis. Tenminste, dat maak ik mezelf dan wijs, want Sara De Roose die alleen naar Groot-Brittannië reist, is dat wel zo'n goed idee en is het een haalbare kaart? Zal ik het redden in mijn eentje?

"Sara, wat meer zelfvertrouwen graag," was de reactie van mijn man op die vraag. "Wat is daar nu moeilijk aan. Ik breng je tot bij de Eurostar en eens in Engeland kom je onder de vleugels van Mary en haar team terecht. Je zegt zelf dat alles daar voor jou geregeld wordt. Waar zie je dan een probleem?"

Zijn vertrouwen raakt me en zijn enthousiasme werkt aanstekelijk.

"Je kan er alleen maar spijt van krijgen als je deze geweldige aanbieding naast je neerlegt," meent hij en daar zou hij weleens groot gelijk in kunnen krijgen. Dit is toch te mooi om nee tegen te zeggen.

“Ben je zo blij omdat je me graag vier dagen de deur uit hebt?” stelde ik hem toch nog de vraag. Het leverde me een standje op, waarna hij me snel in zijn armen trok.
“Alsof jij niet beter weet, mevrouw Sara De Roose-Van Wijck. Zelfs als wij een paar uur niet samen zijn, mis ik je al als gek. Maar ik heb het er voor over. Ik gun je deze ervaring van harte en ik ben heel trots op jou. Dit moet je gewoon doen, lieve schat.”

Hij heeft gelijk en toch wil ik er nog een nachtje over slapen. Morgen heb ik Mary een antwoord beloofd en dat zal ik haar ook geven. Op dit moment leunt de balans naar positief en is de kans groot dat ik ja zeg, maar morgenvroeg denk ik daar misschien weer anders over en ik wil niet halsoverkop beslissen. Er zijn geen potten gebroken als ik nee zeg, de hoedenlijn is gestart als een hobby en dat blijft het ook. Maar als ontwerpster in de Engelse bloemetjes worden gezet, het heeft iets heel verleidelijks natuurlijk.

13 MAART 21 UUR 50

Stiekem ben ik toch al even gaan kijken naar de plek waar de presentatie van mijn hoedjes zou doorgaan. Wow, meer kan ik niet zeggen. Wat een prachtige locatie. Edenbridge Castle, op 53 km van Londen is echt een plaatje. De zalen van het kasteel lijken wel uit een sprookje te komen en daar moeten de tuinen zeker niet voor onderdoen. Google maps, wat een geweldige uitvinding. Ik waande me al even in Engeland terwijl ik in werkelijkheid met mijn laptop op schoot in mijn eigen luie zetel zat. Ik zie de modellen er al over rode lopers glijden in een van die prachtige zalen. Mijn hoedjes op hun hoofd en het publiek dat het allemaal wel weet te smaken. Het is inderdaad een geweldig aanbod en een fantastische kans om mijn collectie daar te laten zien. Een aanbod als dit dat je zomaar in de schoot wordt geworpen. Zou het niet heel ondankbaar en onverstandig zijn om daar nee tegen te zeggen?

Ik begin er duidelijk meer en meer voor te voelen om ja te zeggen op de vraag van Mary. Wat heb ik te verliezen? Als ik nee zeg, vergooi ik een geweldige kans. Die *once in a lifetime* daar moet je toch voor gaan. Sorry dat ik nu al Engels begin te praten, maar dat leek plots vanzelf te gaan ☺.

Al even stiekem als ik de locatie ben gaan opzoeken, voel ik me in het geheim ook wel een beetje trots op mezelf. Ik maak een hoedje om mijn zinnen wat te verzetten en kijk waar het uiteindelijk toe leidt. Zou ik dan toch talent hebben? Eigenlijk is dat toch te gek voor woorden en moet ik daar nu maar met volle teugen van genieten.

Een show in een sprookjeskasteel in het stijlvolle Groot-Brittannië. Als kind heb ik daar niet eens van durven dromen, en nu valt het me als volwassen vrouw zomaar te beurt. Man, man, man. Soms lijkt mijn hele leven wel een sprookje. Van het lelijke eendje zonder zelfvertrouwen ben ik uitgegroeid tot iemand die zichzelf elke dag in de arm knijpt als ze die knappe man naast zich ziet, het bedrijf binnenstapt dat het hare is of haar prachtige zoon ziet opgroeien tot een geweldige jonge knaap. Hoeveel geluk kan een mens hebben in haar leven? Het is een beetje beangstigend als je het zo bekijkt, want kan zoveel geluk wel blijven duren? Oké, het is niet altijd van een leien dakje gegaan. Er zijn ook diepe teleurstellingen geweest in mijn leven, heel recent zelfs nog met het foutlopen van de zwangerschap en alle complicaties van dien. Maar klagen mag ik zeker niet. Mijn leven is voor het grootste deel een feest vol fijne mensen waar ik van hou en die ook van mij houden en met mooie kansen. Het is een route vol verwondering waar ik vaak nog als een klein meisje op sta toe te kijken.

Ik ga het er straks nog eens met Simon over hebben, ik denk dat ik de kans ga grijpen (als ik Simon nu nog zo ver krijg dat hij met me mee gaat, dan is er helemaal geen twijfel meer).

14 MAART 7 UUR 15

Goedemorgen. Er zijn een paar sprookjeskastelen in mijn dromen gepasseerd vannacht en zodra ik wakker werd, heb ik Simon gezegd dat ik er waarschijnlijk wel voor ga.

“Geweldig, schat. Ik ben trots op je.”
“Weet je zeker dat je niet mee kan?” vroeg ik hem een paar minuten later toch nog een beetje angstig. Zijn armen lagen om me heen, mijn hoofd steunde op zijn borst.
“Nee, lieve Sara, dit ga je alleen doen. Dit is je kans om aan jezelf te bewijzen dat je mij of niemand anders nodigt hebt om zulke avonturen te beleven. Dat heb je trouwens al bewezen in het verleden, je moet jezelf er alleen af en toe nog eens aan herinneren.”

Hij zal wel gelijk hebben, mijn Simon. Als ik dit alleen doe, zal de voldoening nog groter zijn. Vandaag dus Mary bellen. Hopelijk is ze nog altijd blij met mijn ja.

15 MAART 21 UUR 15

Het is gebeurd, er is geen weg meer terug. Gisteren heb ik Mary gebeld en ja gezegd tegen haar mooie aanbod. En of ze nog blij was met die ja van mij. Ze jubelde aan de telefoon.
“Dan zit ons programma nu helemaal mooi in mekaar,” zei ze. “Je zal het je niet beklagen, Sara. Je bent hier meer dan welkom.”

Er is nu dus geen weg meer terug. Ik ga het doen!
Vandaag heb ik een mail ontvangen met daarin alle praktische

informatie voor vrijdag 24 maart, want op die dag word ik verwacht. Ik logeer op het kasteeldomein waar een B&B is ondergebracht en ook die ziet er ronduit prachtig en bijzonder uitnodigend uit. Ik mag me dus drie nachten lang een echte kasteelvrouw noemen. Wat een luxe is dat.

"Dan heb ik vanaf nu mijn eigen prinses in huis," deed Simon er lachend nog een schepje bovenop. "Hoe geweldig is dat, mijn lieve Sara. Ik ga alvast plannen maken om er voor Sen en mij ook een mooi weekend van te maken. Je kasteel geeft me inspiratie. Misschien moet ik met hem wel eens een burcht bezoeken of zo. In elk geval: het vader-zoonweekend zal ons allebei deugd doen."

Hij werd er zowaar wat melancholisch bij.
"Hoewel de band met mijn vader altijd goed is geweest, kan ik me maar weinig momenten herinneren dat wij samen in mijn kindertijd leuke dingen deden. Papa was druk met zijn werk en als ik bij hem was, dan was dat op zijn kantoor. Ik keek naar hem op en hij zag me graag, maar dat werd zelden uitgesproken of in leuke uitstapjes met elkaar duidelijk gemaakt. Ik wil het met Sen anders doen. Ik wil dat hij zich weekendjes als deze kan herinneren."

De melancholie van Simon sprong meteen op me over en ik kreeg er zowaar tranen van in de ogen.
Die band tussen vader en zoon die vind ik ook van het aller-

grootste belang en daarom gun ik hen dit weekend ook van harte. We zullen er allemaal een fijn gevoel aan overhouden, zo hoop ik maar. Ik ga dus alleen naar Groot-Brittannië. Ik ben er oud en wijs genoeg voor. Het zal me lukken en Simon heeft gelijk: het zal mijn zelfvertrouwen ten goede komen. Als ik straks kan zeggen dat ik deze onderneming helemaal alleen tot een goed einde heb gebracht en er nog van heb genoten ook dan zal me dat alleen maar een goed gevoel geven. Ik ga ervoor!

*Wish me luck!*

16 MAART 23 UUR 45

Hoe meer mails ik krijg uit de UK, hoe meer de zenuwen me door de keel gieren. Ongelooflijk met hoeveel egards ze me van daaruit behandelen. Hun deelnemerslijst aan topontwerpers die de verschillende shows voor het vijfjarig bestaan zullen opluisteren, is indrukwekkend en ik mag daar zomaar een van zijn. Ik moet regelmatig met mijn ogen knipperen als ik al die namen lees om er zeker van te zijn dat ik me niet vergis. Maar ze staan er echt en mijn naam staat ertussen.

Er wordt daar niets aan het toeval overgelaten. Ik reis volledig op kosten van Stylish richting Groot-Brittannië met de

Eurostar. Ik kom aan in St Pancras Station Londen en daar wacht me een taxi die me 53 km verder naar Edenbridge zal brengen. Ik hoef me werkelijk nergens zorgen over te maken.

Wat een luxepositie.

"Het lijkt allemaal zo onwerkelijk," zei ik net nog tegen Simon. "Alsof ze nog nooit hoedjes hebben gezien. Zo uitzonderlijk zijn mijn creaties nu toch ook weer niet."
Daar is mijn man het dus niet mee eens.
"Als je hoedjes niet bijzonder waren, dan zouden ze er al die moeite niet voor doen bij Stylish, schat. Dat moet je jezelf nu toch meegeven. Niet twijfelen, gewoon genieten. Ik ben alleszins al heel trots op je."

Die trots van mijn man, die stimuleert me enorm. Als Simon trots op me is, dan kan ik de wereld aan. Geen enkel modetijdschrift dat me de hemel in prijst, kan me hetzelfde gevoel geven als wat de trots van Simon met me doet.
Het bewijst nog maar eens mijn liefde voor die man. Ik hou van hem, elke dag meer en meer.

Ik denk nog vaak aan dat moment dat ik hem voor het eerst zag, met zijn sportauto in de stad. Op dat moment al werd mijn adem afgesneden. En dan mijn consternatie toen die knappe man mijn nieuwe baas bleek te zijn. Mijn verliefdheid groeide alleen maar. Hoe ellendig heb ik me gevoeld toen

bleek dat de gevoelens niet wederzijds waren, dat hij me gebruikte. Maar, hoe groot was mijn vreugde toen alles toch op zijn pootjes terechtkwam, toen hij me ten huwelijk vroeg, me zijn ja-woord gaf.
Simon heeft mijn hele leven omgegooid en in alle opzichten een betere versie van mezelf gemaakt. Ik sta nu verder in het leven dan ik ooit had durven hopen. Ik ben een vrouw van de wereld geworden, een vrouw van de modewereld. Wie had dat ooit in mij gezien? Soms kan ik tot tranen toe ontroerd raken als ik me realiseer dat Simon mijn man is en dat we voor het leven met elkaar verbonden zijn, dat we samen een kind hebben, een zaak, een huis... Alles samen. Wat een geluk, wat een onvoorstelbaar groot geluk.

De grootste angst in mijn leven is dat ik Sen of Simon ooit zou kwijtraken. Het is allebei bijna gebeurd. Sen werd me bijna ontnomen door zijn ziekte, Simon door zijn onmacht op dat moment. Als ik er nog aan denk hoe vreselijk ik me toen voelde, dan is zelfs die gedachte bijna niet meer te verdragen. Dat gevoel van complete leegte en zinloosheid, dat is iets wat ik nooit meer hoop te moeten voelen. Simon, mijn man, mijn minnaar, mijn beste vriend, mijn alles.

Ik knijp me nog maar eens in de arm om er zeker van te zijn dat al dit geluk geen luchtkasteel is.

17 MAART 19 UUR 30

Simon geeft Sen een bad en vanuit mijn kantoortje waar ik nog wat mails doorlees en mijn dagboek aanvul, hoor ik hen volop plannen maken voor het weekend dat mama in Engeland zal zijn.
"Wij mannen onder elkaar," hoor ik Simon zeggen en ik kan me al voorstellen hoe trots Sen daarbij kijkt.
Hun gesprek geeft me een beetje een dubbel gevoel. Het steekt een beetje dat ze plannen maken waar ik geen deel van uit zal maken. Natuurlijk gun ik hen dat weekend papa-zoon van harte, maar ik zou er veel liever ook bij zijn. We vormen zo'n leuk trio. Het zijn maar vier dagen en ik moet me niet aanstellen, maar ik ga ze missen die twee kanjers van me.

Als ik heel eerlijk ben met mezelf dan zou ik Edenbridge en alles wat daarbij hoort met genoegen ruilen voor dat weekend met mijn jongens. Maar dat ga ik hen niet zeggen, dat ga ik niemand zeggen en ik ga er ook niet aan toegeven.
Ik ga Simon niet teleurstellen in zijn trots voor mij. Als het even lukt, ga ik hem nog meer trots maken dan hij nu al is, die schat van een man van mij.

En ook voor mezelf moet ik dit doen. De kans dat dit me nog een tweede keer overkomt is zo goed als onbestaande. Ik moet dan ook genieten van elk moment in het Verenigd Koninkrijk. Ons vake is trouwens ook al zo trots. Je had zijn neus moeten zien krullen. Hij begon prompt te stralen.

"Ik heb nooit aan jouw talenten getwijfeld, meisje," zei hij. "Ik wist altijd al dat jij het ver zou schoppen. Elke vader denkt dat misschien van zijn dochter, maar bij mij was die overtuiging altijd heel groot. En nu is het zover. Je gaat het Verenigd Koninkrijk inpalmen."
Ja, ons vake overdrijft wel eens vaker als het over zijn trots voor mij of Sen gaat ☺. Maar het is leuk om die steun te voelen, van hem en van Simon. Ik ga er alles aan doen om hen niet teleur te stellen en een resem mooie verhalen en fijne herinneringen mee te brengen uit Engeland straks.

Ook Lut was blij toen ze mijn verhaal hoorde trouwens, maar ik zie nog altijd die tristesse in haar ogen. Die werd nog duidelijker zichtbaar toen ons vake zei: "Je bent net zo handig als je moeder, lieve meid. Je moeder die kon van niets iets maken. Ze had gouden handen en die heb jij duidelijk van haar geërfd. Dat talent in combinatie met je eigen fantasie, daar ga je nog ver mee komen."

Ik denk dat Lut het vooral niet leuk vindt dat ons moeke nu zo vaak ter sprake komt. Nee, ze is niet jaloers op ons moeke en ze praat zelf regelmatig over haar, maar er zijn grenzen. Ons vake lijkt de laatste tijd vooral in het verleden te leven en dat is natuurlijk niet leuk voor zijn huidige vrouw. Meer dan ooit wordt Lut er met de neus opgedrukt dat er nooit sprake zou zijn geweest van haar relatie met vake als ons moeke een langer leven was gegund. Ze heeft dat altijd geweten en ze gunde vake zijn mooie herinneringen en zijn diepe liefde voor ons moeke, maar tussen dat weten en er constant mee geconfronteerd worden, zit nog een groot verschil. Een verschil van aanvaarden en verdriet om het feit dat ze nooit de absolute nummer 1 van vake zal zijn. Ons vake, die is zich wat dat betreft volgens mij van geen kwaad bewust. Als hij wist hoeveel pijn Lut had, zou hij haar dat niet aan doen, dat blijf ik geloven. Ik zal hem er dus eens moeten op wijzen. Zodra ik de kans zie, moet ik apart met hem praten en hem duidelijk maken dat hij zich moet herpakken, dat hij het verleden weer wat meer moet loslaten. Natuurlijk is het voor mij mooi om te horen hoe mijn vader nog altijd met zijn hart bij mijn moeder is, maar ik gun hem en Lut ook een mooie toekomst samen en ik mag er niet aan deken dat het mis zou gaan tussen die twee. Dat zou ik zo verschrikkelijk vinden voor mijn vader en voor ons allemaal.

Oké, dat gesprek moet er eens komen, maar voorlopig moet ik me even op andere dingen concentreren. Mijn ticket voor de Eurostar heb ik alvast op zak. Of beter: het ligt hier voor me op mijn bureau. Ik moet er regelmatig een keer naar kijken om mezelf er blijven van te verzekeren dat het realiteit is. Dat stukje papier maakt het allemaal alleen nog echter. Het gaat dus werkelijk gebeuren. Sara De Roose – Van Wijck spoort straks onder het water door naar Engeland en haar hoedjes gaan met haar mee.

18 MAART 15 UUR 30

Ik schreef het verkeerd gisteravond. Mijn hoedjes gaan namelijk niet met me mee, ze zijn al voor mij uit vertrokken richting Edenbridge. Het verpakken van mijn werkstukken was al een hele ervaring op zich. Samen met Marnix heb ik ze ingepakt in zijden papier en vervolgens netjes in de geschikte dozen gelegd. Van die mooie hoedendozen die ik vroeger alleen in filmpjes zag. Hoe spannend is dit, hoe heerlijk spannend.

"Sara, Sara, ik ben zo blij voor jou," zei Marnix terwijl we met ons werkje bezig waren en ik weet dat hij het ook meent, onze diva. Hij is op zich wel wat jaloers op mij, maar dat kan ik ook begrijpen. Natuurlijk zou hij liever zelf met zijn ontwerpen naar Engeland vertrekken, maar hij gunt het mij ook, dat voel ik.
"Je zorgt maar dat je daar honderden, zo niet duizenden foto's maakt," gaf hij me nog mee. "En je onthoudt elk detail voor mij. Ik wil het allemaal weten."
Gekke Marnix, zijn enthousiasme doet me zoveel goed. Wat een lieve, lieve man is onze Marnix toch, ondanks zijn diva-allures zo af en toe.

Een ander verhaal is Britt. Zij heeft het er moeilijk mee om haar jaloezie te verstoppen. Ze kan het niet laten om af en toe een stekelige opmerking te lanceren.

"Weet je zeker dat je het ziet zitten met de Eurostar? Pff, ik mag er niet aan denken dat die trein ergens halverwege onder het water stilvalt. Nee, mij niet gezien."
Nog een van haar leuke uitspraken: "Engelsen zijn altijd al conservatief, zeg maar ouderwets geweest wat mode betreft natuurlijk."
Ik ken Britt gelukkig al lang genoeg om niet meer wakker te liggen van dit soort uitspraken die uit haar mond komen.

Maar goed, even geen tijd voor Britt en haar jaloezie nu. Ik ga me nu op ons vake en Lut concentreren. Straks komen ze bij ons eten en dat is niet toevallig. Ik heb hen met opzet uitgenodigd. Ik wil dat gesprek met ons vake toch niet langer uitstellen. Dat is iets waar ik wel van wakker lig. Het moet goed blijven gaan tussen hem en Lut en ik moet hen daar een handje bij helpen nu het even fout dreigt te gaan.

Simon weet hoe belangrijk dit gesprek met ons vake voor me is ook al vindt hij dat ik me daar niet mee moet bemoeien. Toch zal hij me straks een handje helpen om Lut even af te leiden zodat ik vake voor mij alleen heb. Hoe we het precies gaan doen, dat zien we wel op het moment zelf. Misschien vraagt Simon aan Lut om Sen mee in bad te zetten of misschien neemt hij haar gewoon even mee naar de bakker om samen een taart uit te kiezen. Het zal afhangen van de inspiratie van het moment.

Als ik eerlijk ben, ben ik best nerveus voor dat gesprek. Ja, het gaat om mijn eigen vader, maar dat maakt het niet minder spannend. Vake en ik, wij zijn altijd heel close geweest, maar praten over onze diepste gevoelens dat blijft een heikel punt en vooral als ons moeke er bij ter sprake komt. Als we over haar praten dan valt ons dat allebei telkens weer moeilijk en proberen we de ander altijd wat te ontzien. Ik weet dat de herinneringen ons vake nog zeer doen en hij weet dat ook van mij, dat maakt een openhartig gesprek toch altijd wat moeilijk. Maar ik moet er voor gaan, ik moet het doen. Als ik het er met hem niet over heb, wie dan wel?

Kijk, dat is zo'n moment waarop je je als enig kind wel eens eenzaam voelt. Als ik nu een broer of een zus had, dan zouden we dat gesprek tenminste met z'n twee kunnen voeren en konden we overleggen hoe we het zouden aanpakken. Maar niet dus, ik sta er alleen voor en ik zal er alleen doorheen moeten. Dat is ook iets wat Sen straks te wachten staat. Al hoop ik dan dat hij dergelijk gesprek niet met Simon zal moeten voeren en dat ik als mama nog heel lang bij mijn twee schatten mag blijven.

Eigenlijk moet ik er gewoon allemaal niet te veel over nadenken. Het gaat over mijn eigen vader, ik kan met hem best een gesprek beginnen zonder bang te zijn dat hij boos op me wordt. Vake weet dat ik het altijd alleen maar goed met hem voor heb, met hem en met Lut. Hun geluk is me heel veel waard en zo ga ik het ook bij hem aankaarten.

18 MAART 22 UUR 10

Het gesprek met ons vake is achter de rug.
Simon is er met gemak in geslaagd om Lut mee naar de bakker te nemen en dat gaf me een half uurtje de tijd voor een open gesprek met mijn vader.
Hij keek er wel van op toen ik hem vroeg om eens bij me aan tafel te komen zitten omdat ik met hem moest praten.

"Toch geen problemen met Simon of Sen?" vroeg hij.
"Nee, niet met Simon of Sen, wel met jou en Lut."
Je had zijn blik moeten zien. Totaal verbouwereerd.
"Lut en mij?"
"Vake, dat is net het probleem," begon ik. "Je ziet het niet. Lut is niet gelukkig."
"Lut is niet gelukkig?"
Hij kwam echt uit de lucht vallen.
"Nee en jij ook niet."
"Ik ook niet?"
Hij hoorde het echt in Keulen donderen. Maar ik wist zijn verbouwereerdheid te doorprikken.

"Vake, ik ken je te goed om te geloven dat alles goed gaat," zette ik door. "Je bent jezelf niet de laatste weken. Je leeft meer in het verleden dan in het heden en ik zie dat Lut daar pijn van heeft."

"Saraatje, je ziet spoken. Er is echt niets aan de hand. Ik ben misschien een beetje moe de laatste weken, maar verder is er niets. Het gaat prima, zowel met mij persoonlijk als tussen Lut en mij."
Ik liet me echt niet zomaar iets wijsmaken door die vader van mij. Zodra ons vake voelde dat het me menens was en dat ik niet van plan was om er zo snel over op te houden, begon hij dan toch te praten.

"Ik weet niet wat het is, Sara," gaf hij dan toch toe. "Ik heb alles om gelukkig te zijn. Lut is zo goed voor me. Ik hou echt van haar en zij houdt van mij. En toch komen de laatste tijd die schuldgevoelens altijd maar naar boven. Schuldgevoelens omtrent ons moeke. Dan vraag ik me af wat mij het recht geeft om opnieuw gelukkig te zijn met iemand anders terwijl ons moeke die kans niet meer krijgt. Dan vraag ik me ook af hoe zij zou hebben voortgeleefd als ik als eerste zo vroeg was gestorven. Misschien was ze wel haar hele leven lang alleen gebleven, had ze voor altijd onze herinneringen gekoesterd."

"Die herinneringen koester jij toch ook, vake," probeerde ik hem te overtuigen. "Ons moeke die nemen jij en ik overal met ons mee. Maar ze zou niet gewild hebben dat wij onze levens afbraken. Ze wilde dat wij verder leefden, voor onszelf en voor haar."

"Dat weet ik, lief meisje, dat weet ik, maar toch is er de laatste weken weer die pijn, dat gemis. Ik heb een tijdje in de illusie geleefd dat ik er overheen was. Die illusie is nu weg. Ik zal nooit over het verlies heen raken. Moet ik dan niet eerlijk zijn met Lut en haar dat vertellen?"
Nee, hij moet dat niet aan Lut vertellen, natuurlijk niet.

"Lut is een verstandige, liefhebbende vrouw. Ze weet wat ons moeke voor jou betekende. Ze weet dat jouw liefde voor moeke anders was dan jouw liefde voor haar. Anders, maar daarom niet minder intens, niet minder gemeend. Jij en Lut, jullie horen nu samen. Jij hebt het recht op dat geluk, vake. Dat zou ons moeke ook gevonden hebben."

"Dat is nu net wat ik me afvraag, Sara. Is dat zo? Zou ons moeke mijn keuze voor Lut hebben goedgekeurd? We hebben het daar nooit over gehad, ook niet tijdens haar ziekte. We hebben nooit uitgesproken wat zij voor mij wenste. Ze heeft nooit gezegd dat ik niet alleen moest blijven, dat ik een nieuwe liefde moest zoeken. Als ze dat wel had gedaan, had ik me nu misschien minder schuldig gevoeld."

"Dat begrijp ik, maar jij en ik weten hoe ons moeke was,

vake. Ze was een vrouw met een bijzonder groot hart. Ze zag jou graag en jij zag haar graag. Je hebt haar alles gegeven wat je in je had. Jullie zijn gelukkig geweest samen en toen het slecht met haar ging heb je haar door dik en dun gesteund. Jij was er altijd voor ons moeke. Hoe zwaar ze het ook had, jij hebt het voor haar een stuk gemakkelijker gemaakt. Jouw liefde heeft een deel van haar pijn weggenomen. Na haar dood heb je om haar gerouwd en was je er altijd voor mij. Jij bent vader en moeder tegelijk voor mij geweest. Ik zal je daar nooit genoeg voor kunnen bedanken. Er zijn mannen genoeg die meteen een andere vrouw zouden hebben gezocht. Eentje die misschien niet goed voor mij gezorgd zou hebben. Jij hebt mijn welzijn altijd voorop gezet. Eerst mijn opvoeding en dan zou voor jou misschien nieuw geluk komen. Het is bewonderenswaardig hoe je voor mij hebt gezorgd, vake, echt bewonderenswaardig. Als ik vandaag zo gelukkig ben als ik nu ben, dan heb ik dat voor het grootste deel aan jou te danken, vake."

Tranen van ontroering sprongen ons vake in de ogen en mij ook trouwens. Het was ook zo'n pakkend moment. We zijn elkaar in de armen gevallen en hebben, zonder nog iets te zeggen, gehuild. We weenden om ons moeke, we weenden om al die jaren die we samen toch maar mooi hebben doorstaan, we weenden om zoveel, maar ook om ons geluk. Tenminste zo voelde het bij mij.

Gelukkig hadden we onszelf alweer helemaal in de hand

op het moment dat Simon, Lut en Sen terug thuis kwamen. Tegen die tijd zaten we al te lachen om een paar leuke herinneringen aan mij studententijd. Ons vake stond op en begroette Lut prompt met een zoen, iets wat haar deed stralen. Ik hoop zo dat ik tot hem ben doorgedrongen. Ik hoop zo dat hij weer durft te geloven in zijn mooie relatie met Lut en in hun toekomst samen.

Zo'n mooi stel, het zou toch doodzonde zijn als dat kapot werd gemaakt. Ze verdienen hun geluk. Ze verdienen het meer dan wie dan ook en ik zal samen met ze vechten om deze relatie levend te houden.

"Komt goed," zei Simon nadat ze vertrokken waren en ik verslag bij hem had uitgebracht. "Komt helemaal goed. Zo'n mooi koppel, die haal je zo snel niet uit mekaar."
Ik hoop van harte dat hij gelijk heeft, van ganser harte.

19 MAART 15 UUR 40

Ik ben vandaag langs het kerkhof gegaan. Vanmiddag ben ik bij ons moeke langsgeweest om haar te vertellen over vake en Lut. Ik moest het er gewoon met haar over hebben. Ik moest op de een of andere manier haar goedkeuring voelen. Ik moest weten dat zij het echt met me eens was. Misschien heeft ons vake wel gelijk, ging het vanmiddag even door me heen. Alleen ons moeke kan me van het tegendeel overtuigen. Ze kan ook ons vake overtuigen. Zelfs over de grenzen van leven en dood is hun band volgens mij nog zo sterk dat zij hem kan overtuigen.

"Als iemand ons vake kan overtuigen, dan ben jij het, lieve moeke," heb ik gezegd. "Ook nu nog. Ergens, over de grens van leven en dood heen kijk jij naar ons en je kan ons vake duidelijk maken dat hij verder moet met zijn leven en dat Lut de vrouw voor hem is. Ik weet dat je dat met me eens bent, moeke. Ik ken jouw smaak, jouw keuze, jouw type van mensen. Lut zou een goede vriendin voor je kunnen geweest zijn. Als je zelf een nieuwe vrouw voor ons vake had kunnen kiezen, dan was Lut zeker je favoriete vrouw geweest. Nee, Lut zal jou nooit vervangen. Niemand zal jou ooit vervangen. Niet in mijn hart en niet in dat van ons vake. Jij was en blijft uniek. Je was de grote liefde van ons vake en mijn liefste en enige moeke. Er gaat geen dag voorbij dat ik je niet mis en ik weet dat dat ook voor ons vake geldt. Maar we moeten verder met ons leven. Dat zou jij ook hebben gewild. En in dat vervolg van onze levens heeft Lut wel een apart plekje in mijn hart gekregen en ook in dat van ons vake. Ik heb ons vake weer zien openbloeien met Lut erbij, moeke. Nadat jij vertrokken was, was ik het centrum van zijn leven. Maar ik heb ook mijn eigen leven uitgebouwd en dan was Lut er. Het ging zo goed tussen haar en vake, dat maakte me zo blij. Nu zie ik problemen opduiken. Ik zie hen uit elkaar groeien. Kan je me helpen om ervoor te zorgen dat het weer goed komt, lieve moeke?"

Ik heb vertrouwen in ons moeke. Wat er ook is tussen hemel en aarde, ik weet dat zij me hoort en een troostende hand boven mijn hoofd houdt, dat heeft ze altijd al gedaan. Zonder haar zou ik Simon nooit hebben ontmoet, zonder haar zou ik nooit zijn geworden wie ik nu was, zonder haar zou het nooit meer goed gekomen zijn tussen mij en Simon na de ziekte van Sen. Ons moeke is er altijd, daar ben ik van overtuigd.

Ook nu voelde ik me minder bezwaard toen ik het kerkhof verliet. Ook nu gaf het me troost om dicht bij de laatste rustplaats van moeke te zijn en, al was het maar in gedachten, toch even met haar te kunnen praten. Als ik voor haar zerk sta en op haar graf neerkijk, dan daalt een instant rust op me neer. Dan is het alsof ze mijn schouder aanraakt en zegt: "stort je hart uit, meisje. Ik luister, ik ben er."
Op dit kerkhof voel ik me nooit alleen, nooit onbegrepen.

Ik weet niet of ons vake dat nog vaak doet, praten met ons moeke. Ik weet dat hij hier naartoe komt als hij het moeilijk heeft of gewoon als hij hier nog een keer wilt zijn. Maar of hij dan tegen moeke praat of alleen maar een bloemetje bij haar neerzet, dat weet ik niet.
Samen het kerkhof bezoeken doen we de laatste jaren eigenlijk nooit meer. Op speciale dagen als Allerheiligen gebeurt

dat nog wel eens, maar dan nog zijn we elk in onze eigen gedachten verzonken. Als kind stond ik wel hand in hand met vake bij het graf, maar nu hebben we zo elk onze eigen momenten. Die momenten respecteren we van elkaar en we praten er eigenlijk nooit of nauwelijks over. Soms, als er praktische problemen zijn met een verzakte grafsteen of zo, dan spreken we erover, maar de gevoelens, die zijn van onszelf en die respecteren we van elkaar.

Ik wilde hier ook alleen zijn vandaag. Dat wil ik altijd als ik iets belangrijks met mijn moeder te bespreken heb. Sen liet ik dus thuis, al was onze zoon daar aanvankelijk niet zo gelukkig mee.
"Ik wil mee naar moeke," pruilde hij, maar Simon had de boodschap begrepen en nam hem mee naar de speelkamer om er een grote puzzel van Cars te maken. Daarmee wist hij Sen te paaien. Enthousiast ging hij mee aan de slag en ik wierp Simon een dankbare blik toe.

Schattig om vader en zoon zo samen op het tapijt te zien zitten zoeken naar de juiste puzzelstukjes. Het komt wel goed met die twee tijdens het weekend dat ik naar Engeland ga. Simon heeft groot gelijk als hij zegt dat dat weekend belangrijk is voor zijn band met Sen. Ik ben blij dat ik hen, zonder voorbedachte raden, nu de kans kan geven om die band verder uit te bouwen. Ik moet me eens wat vaker op afstand houden, zo snap ik nu. Moederkloek die ik ben, ben ik vast wat overweldigend wat de opvoeding van onze zoon betreft.

20 MAART 22 UUR 50

Ik heb mijn koffer al klaargezet om hem mondjesmaat te vullen. Ik ben zo'n stresskip hé wat dat betreft. Ik ga de komende dagen ongetwijfeld alles nog een keer checken en dubbel chekken en er dan bij mijn vertrek nog van overtuigd zijn dat ik van alles vergeten ben. Maar wat kan ik vergeten? De hoeden zijn al vertrokken en voor de rest moet ik alleen mijn persoonlijke spullen meenemen.

Rustig blijven, Sara. Rustig blijven en je op je werk en je gezin concentreren. Stressen kan altijd vrijdag nog als het moment van vertrek echt is aangebroken.

Sen zit zich ondertussen al te verlekkeren op het cadeautje dat ik voor hem beloofde mee te brengen. Kinderen blijven toch altijd kinderen hé ☺.

21 maart 23 uur 20

Ik had dan toch gelijk en bespeur een lichte vorm van jaloezie bij Marnix als het over mijn buitenlands avontuur gaat. Ik zei het al, ik begrijp het ook wel een beetje. Marnix is al jaren bezig als ontwerper, ik kom daar even tussen met wat hoedjes die ik voor de fun heb gemaakt en ik mag nu gaan uitpakken op een grote show van een bekend modetijdschrift. Maar goed, ik heb hier zelf niet om gevraagd en ik ga er daarom niet minder van proberen te genieten. Ik kan het ook niet helpen dat ik ben uitgenodigd. Marnix blijft nu eenmaal onze diva die zichzelf altijd veel belangrijker en beter zal voelen dan de rest. Maar toch blijf onze diva een schatje en wens ik hem ook alle succes van de wereld toe.

Bij Marnix klinkt die jaloezie anders dan bij Britt. Britt is giftig en stekelig in haar reacties en ze heeft ook totaal geen recht om jaloers te zijn. Britt mag al lang blij zijn dat haar bij Présence zolang de hand boven het hoofd is gehouden.
Britt zal altijd Britt blijven, vriendelijk en meegaand als dat haar het beste uitkomt en bitsig als ze haar zin niet krijgt.

Och ja, ik concentreer me op de mensen die het me wel gunnen. Helena bijvoorbeeld. Die had daarstraks zelfs een bos bloemen met een leuk kaartje erbij op mijn bureau gezet.
"Omdat jij het verdient," stond er op. "Geniet met volle teugen, Sara."

Ongelooflijk dat ik zo goed met Helena kan opschieten, gezien de geboortenissen rond Simon destijds. Het scheelt natuurlijk dat Helena nu ook gelukkig is.

Zelfs Lieven heeft me veel succes gewenst en ik geloof dat hij het nog meent ook. Hij klonk in elk geval heel oprecht en het deed me goed.

22 MAART 14 UUR 10

Dit is wat ze noemen een offday. Ik ben thuis met bonkende hoofdpijn. Toen ik vanmorgen uit mijn bed kwam, voelde ik de pijn al opkomen. Pijn en misselijkheid. Ik dacht dat het wel weg zou trekken, maar niets was minder waar. Het werd alleen maar erger naarmate de ochtend vorderde. Het had echt weinig zin om zo nog op kantoor te blijven, twee pijnstillers en een uurtje platte rust op de zetel in mijn kantoor ten spijt.
Ik heb aan Lut gevraagd of zij Sen straks kan ophalen. Na school vanmiddag had hij nog een middagje toneel voor de boeg en dan zou ik hem oppikken, maar dat zie ik nu echt niet zitten. Elke beweging is een marteling. Ik lig in mijn bed en zolang ik niet te veel beweeg, gaat het wel. Schrijven in dit dagboek doe ik om mijn zinnen een beetje te verzetten, maar eigenlijk moet ik gewoon mijn ogen sluiten en rusten.

Deze hoofdpijn is het gevolg van stress natuurlijk, ik had het kunnen denken. Ik probeer mijn kalmte te bewaren, maar

inwendig is er heel wat aan het rommelen. Ik zou eens moeten leren om me wat rustiger te houden. Waarom zou mij niet lukken wat anderen kunnen? Een reisje naar Engeland, dat is toch alleen maar leuk, net als alle indrukken die ik daar zal opdoen. Veel mensen zouden tekenen voor dit avontuur en al volop op hete kolen zitten. Ik heb er ook zin in, maar tegelijk ben ik bang.
Ik moet me concentreren op alle mooie verhalen die ik straks mee naar huis zal brengen. Maar die verhalen zal ik eerst hier delen natuurlijk. Dit dagboek verdwijnt in mijn koffer en ik zal minutieus bijhouden wat me overkomt.

Oké, ik ga nu toch echt mijn ogen een beetje sluiten. Het gebonk wordt alleen maar erger en ik moet proberen om wat tot rust te komen. Alleen die rust zal de migraineaanval weten te temperen, dat weet ik uit ervaring. Tot later.

22 MAART 18 UUR 50

De hoofdpijn is weg, gelukkig. Ik blijf het nog wel wat rustig aan doen, want zo'n aanval kan best nog een tijdje aanslepen.
Ik laat me maar even verwennen door mijn jongens. Simon en Sen zijn thuis en mijn man staat in de keuken terwijl Sen beloofd heeft om hem te helpen bij het dekken van de tafel.

Simon heeft me ten stelligste verboden om te helpen en de geur van gebraden kip dringt stilaan mijn neus binnen.
Het zal opgewarmde gebraden kip zijn, die hij net in de supermarkt heeft gekocht, maar daar is natuurlijk niets mis mee. Heerlijk zo'n kippetje met gebakken aardappeltjes, een currysausje en wat appelmoes. Ja, mijn eetlust is weer helemaal terug, ik voel me stilaan weer de oude worden. Gelukkig maar, want zo'n migraineaanval is werkelijk verschrikkelijk.
Nog even wat rusten en dan ben ik klaar om met mijn twee jongens aan tafel te eten en hun verhalen van de dag te horen. Een herboren Sara ☺.

23 MAART 21 UUR 20

Geen last meer gehad van hoofdpijn en mijn koffer staat nu helemaal vertrekkensklaar. Het enige wat ik nog moet inpakken, is dit dagboek. Oh ja en mijn gsm-lader niet vergeten natuurlijk. Ik zal maar een post-itje voorzien om mezelf er nog eens aan te herinneren. Bijna is het zover.

Morgenvroeg brengt Simon me naar Brussel en dan kan mijn grote avontuur beginnen.
Eigenlijk ben ik op dit moment niet eens meer zo nerveus. Het ergste wat me kan overkomen, is dat het me daar niet bevalt en dan neem ik toch gewoon de eerste de beste Eurostar

terug naar Brussel. Het is een uitstapje waar ik moet van genieten en dat alleen maar kan meevallen. Geen verplichting, een extraatje. Geen stress dus en genieten maar.

Sen heeft nog snel een klein knuffeltje in mijn valies gestoken, omdat ik niet te eenzaam zou zijn in mijn hotel. Dat was wel even een emo-momentje waarop ik mijn tranen moest bedwingen. Wat een schat toch ook onze zoon. Hij is zo gevoelig. "Helemaal zijn mama op dat gebied," volgens Simon. Alsof hij niet gevoelig is. Groot verschil op dat vlak tussen hem en mij: hij kan het veel beter verbergen, maar dat is natuurlijk typisch mannelijk. Simon slikt liever zijn tranen in dan dat hij ze met me deelt, kwestie van zich niet zwak te tonen. En daarin staat hij als man zeker niet alleen. Hoe de mensheid ook evolueert, de verschillen tussen man en vrouw zullen altijd duidelijk blijven en gelukkig maar ☺.

Oh ja, ik ga ook nog een goed boek in mijn bagage stoppen. Je weet maar nooit dat ze me daar 's avonds alleen in mijn kamertje dumpen (al twijfel ik daar sterk aan ☺).

24 MAART 1 UUR 20

En dan zijn ze daar toch weer, de zenuwen. Ik heb nog geen oog dicht gedaan. Ja, ik ben moe, maar slapen lukt me niet. Ik ben vooral bang dat ik door mijn wekker heen zou slapen. Het is me nog nooit overkomen, maar het zou nu zomaar eens moeten gebeuren. Ik ben al wel drie keer gaan checken of ik die wekker wel effectief goed heb ingesteld. Blijkt altijd het geval te zijn natuurlijk.

Ik loop maar even naar beneden voor een kopje warme melk. Ik drink dat warme drankje op in mijn luie zetel en dan zal de slaap wel snel komen, hoop ik.

24 MAART 10 UUR

Wow, wat is dit heerlijk en comfortabel reizen. Ik zit hier in een luie zetel te genieten van een boek en wat woordjes te pennen in mijn dagboek en ondertussen word ik naar de andere kant van die grote plas gereden op weg naar een avontuur. Je voelt amper met welke snelheid je over de sporen vliegt.

Gelukkig ben ik toch nog aan wat slaap toegekomen de voorbije nacht en ik heb niet door mijn wekker heen geslapen. Zoals afgesproken heeft Simon me naar Brussel gebracht. Het afscheid nemen gebeurde met een klein hartje. Ik voelde me net als dat kleine kind dat jaren geleden door ons vake en moeke werd uitgewuifd aan de bus die ons naar de bos- of zeeklassen moest brengen. Wat voelde ik me toen alleen en ellendig. Ik wilde helemaal niet mee met mijn klasgenoten.

Ik haatte die weken, echt waar. Ik weet nog hoe ik elk uur aftelde. Spelletjes in het bos vond ik verschrikkelijk, avondwandelingen op het strand maakten me bang en slapen in een vreemd bed lukte nauwelijks. Terug thuiskomen was dan weer een feest met ons moeke die wachtte met pannenkoeken of met frietjes. De warmte bij ons thuis leek op die momenten alleen nog intenser.

Nu ben ik ouder en kan ik best wel een paar dagen op mezelf zijn, maar toch tel ik stiekem al af naar maandag wanneer ik Sen en Simon terugzie en weer in mijn eigen bed kan slapen. Nee, ik ga nooit een globetrotter worden. Of misschien toch, als het met Simon en Sen zou zijn. Met hen mogen ze me op een onbewoond eiland zetten, dan ben ik nog gelukkig.

Maar oké, ik reis nu niet naar een onbewoonde wereld, wel naar een eeuwenoud kasteel. Daar moet ik me op concentreren. Ik ben toch altijd zo dol geweest op kastelen en hun verhalen. Ik heb van de gelegenheid en de tijd die ik hier heb op de trein dan ook gebruik gemaakt om een en ander op te zoeken over mijn tijdelijke verblijfplaats.
Het kasteel van Edenbridge is een 13de eeuwse dubbel omwalde burcht, heb ik gelezen. In de tuinen van dit indrukwekkende bouwwerk maakte Henry VIII Anna Boleyn het hof. Hoe romantisch.

Maar jammer genoeg blijft het verhaal niet zo zoeterig, want na de onthoofding van Anna kwam het kasteel in handen van Hendrik VIII, de man met de vele vrouwen die maar liefst zes keer trouwde. Onvoorstelbaar dat zij allemaal geleefd hebben tussen de muren waar ik straks mijn hoedjes geshowd ga zien.

Vooral de tuinen van het kasteel spreken tot de verbeelding als je de foto's ziet en de omschrijvingen leest. Hét paradepaardje van het domein is de 4 ha grote ommuurde Italiaanse tuin met een originele collectie Romeinse beelden en zuilen. Wandelend door deze tuin zou je van de ene verrassing in de andere vallen.

Op het grote meer kan je rondvaren in sloepjes, misschien is dat iets om later eens met Simon te doen, zo'n romantisch tochtje over het grote water.
Wat Simon trouwens helemaal geweldig zou vinden is de tuinkamer die Chesh Garden wordt genoemd en waar je met topiary schaakstukken kan spelen. Ja, ja, ik denk dat ik hem eens mee op sleeptouw moet nemen, die echtgenoot van mij.

Maar genoeg geschiedenis en wetenswaardigheden over het kasteel voor nu. Even aan mijn contactpersonen in Engeland laten weten wanneer ik precies arriveer zodat mijn taxi klaar staat. Klinkt behoorlijk chic allemaal, toch? *Watch out, Sara De Roose-Van Wijck is coming.*

24 MAART 14 UUR 30

Man, man, man, ik logeer in de B&B van Hever Castle en ik heb me nog nooit zo rijkelijk gevoeld als nu. De kamer, wat een luxe! Ik voel me werkelijk een prinses in deze omgeving en dan de manier waarop ze me hier ontvangen, alsof ik een topontwerpster ben. Iedereen heeft het maar over die mooie hoedjes, die verfijnde afwerking, die bijzondere stofjes. Ik weet niet wat me overkomt.

Ik moet mezelf hier meermaals in de armen knijpen om er zeker van te zijn dat ik niet droom. Wat een ervaring is dit en dan moet de grote show morgen nog komen. Ik krijg nu de tijd om even uit te pakken, wat te rusten en om me op te tutten en dan nemen de organisatoren me mee uit eten. Ik ben benieuwd waar ze me mee naartoe gaan nemen. Als ik zie met welke egards en luxe ze me nu al omringen, dan kan ik daar alleen maar het beste van verwachten.

Ik duik nu mijn bad in en ga even wegdromen over kasteelheren en kasteelvrouwen in lang vervlogen tijden, dat zal hier geen probleem zijn ☺.

24 MAART 18 UUR

Nog even met Simon en Sen op Skype gesproken voor ik ga dineren. Ik zou het zo heerlijk vinden als zij hier ook waren. Al

deze schoonheid betekent zo weinig als je het niet kan delen hé. Ik mis mijn mannen nu al en ik ben amper een dagje van huis weg. Ik ben toch zo'n emotioneel kieken hé. Ik zat bijna te snotteren aan die telefoon, niet te doen. Gelukkig heb ik mijn tranen weten binnen te houden, want ik wilde Sen niet overstuur maken. Hij zag er trouwens helemaal niet ongelukkig uit. Integendeel. Simon had hem net meegenomen naar McDonald's. Typisch vaders hé. Mama is weg van huis en zoonlief wordt meegenomen om fastfood te gaan eten. Nu ja, ze kunnen er maar van genieten met hun tweetjes.
Ik denk dat ik vanavond iets anders te eten ga krijgen dan fastfood, al haal ik voor een Big Mac ook nooit mijn neus op hoor ☺.

25 MAART 0 UUR 25

Ik had het niet verkeerd gedacht, er stond me inderdaad een bijzondere avond te wachten. Het diner was chic, uitgebreid en uitzonderlijk lekker. We hebben gegeten in een restaurant hier niet zo ver vandaan en het was champagne vooraf, gevolgd door de meest exquise.

Ik word hier meer dan in de watten gelegd. Mary, de hoofdredactrice van Stylish is werkelijk een schatje. Ze is iets ouder dan ik, zelfverzekerd en heel mooi, maar ook oh zo lief.

Ze geeft me echt een gevoel alsof ik haar al jaren ken en daar ben ik blij mee. Ik ben nu eenmaal iemand die niet van stijve bedoeningen houdt. Ik heb warmte en genegenheid nodig om me ergens goed te voelen dus die gezelligheid en de vriendschap doen me goed.

Mary heeft me haar privénummer gegeven, mocht ik in de komende dagen iets nodig hebben. Haar assistente Jane is iets gereserveerder, maar ook wel lief. Ze toonde me foto's van haar dochtertje dat ongeveer de leeftijd heeft van Sen en ik zag de liefde in haar ogen, de trots ook. Ik kon me heel goed in haar gevoelens verplaatsen en dat heeft ook een klik gegeven tussen ons. Het zit hier dus goed, op alle vlakken. Morgenvroeg beginnen we met de repetities voor morgenavond en ik ben natuurlijk razend benieuwd. Ik heb al een paar foto's gezien van de modellen die mijn hoedjes gaan dragen en de outfits waarmee mijn ontwerpen gecombineerd zullen worden. Wow, meer kan ik niet zeggen. Ik ben heel erg onder de indruk.

25 MAART 11 UUR 20

Vreemd. Ik kon Simon vanmorgen niet bereiken en nu blijkt dat Sen bij vake en Lut gelogeerd heeft. Zo hadden we dat toch niet afgesproken? Het werd een vader-zoonweekend. Wat deed Sen dan bij vake en Lut?

"Simon, je bent toch niet met Lieven gaan drinken hé?" kon ik niet laten te vragen. Het zou me niet verbazen dat Lieven hem heeft meegetroond onder het motto 'als de muis van huis is, dansen de muizen'. Simon moest er hartelijk om lachen.
"Geen spoken zien, lieve schat. Ik ben helemaal niet gaan drinken. Gisteravond zijn Sen en ik nog even bij vake en Lut binnengestapt. Ze hadden een logé, het hondje van de buren. Sen was helemaal gek van dat beestje en hij bleef net zolang aandringen tot ik hem toeliet dat hij daar bleef logeren. Ik had het inderdaad ook anders gepland, maar een gelukkige zoon was me meer waard dan vanavond samen slapen."

Ik geloof hem. Er viel een pak van me af. Ik moet leren om wat minder achterdochtig te zijn. Simon zou onze zoon toch niet bij vake dumpen om zelf uit te gaan met Lieven. Zo is hij niet meer. Sorry Simon, het is gewoon sterker dan mezelf. Het is ook niet zo dat ik Simon wantrouw, eerder Lieven. Hij zou met plezier misbruik maken van de situatie, zo ken ik hem. En als Lieven echt alles op alles zet, dan kan Simon moeilijk aan zijn smeekbedes weerstaan. Maar nu niet dus. Alles draaide om het hondje van vakes buren. Gekke Sen.

"Dat ik je telefoon niet meteen beantwoordde, daar hoef je ook niets achter te zoeken, schat," ging Simon verder. "Ik heb gewoon lekker lang uitgeslapen vandaag. Je kent me, ik kan door een kanon heen slapen als ik echt diep weg ben."
Het is waar. Soms sta ik aan het bed van Simon te brullen dat

het tijd is om op te staan en dan hoort hij me gewoon niet. Af en toe moet er zelfs een koud washandje aan te pas komen om hem uit dromenland te halen.
Gekke Simon ook.

"Maar, vertel, Sara, vertel wat je daar allemaal overkomt. Ik wil het weten. Hoe is het daar? Hoe ben je ontvangen?"
Ik vertelde hem over de reis, over de opvang, over het eten, over Mary, alles heb ik hem verteld en hij was hoorbaar blij met mijn enthousiasme. Hij heeft me op het hart gedrukt om te genieten van alles wat me hier overkomt. Ik ben ook vast van plan om dat te doen. En toch was het weer moeilijk voor mij om zijn stem te horen, dan wil ik zo snel mogelijk weer bij hem zijn. Ik mis hem, ik mis Sen, ik mis ons huis. Kortom, ik mis mijn eigen omgeving, ik mis mijn schatten, ik mis alles.

Oké, Sara, niet doen. Als je hier te diep op ingaat, dan gaat het mis. Je bent hier nu en het is hier geweldig. Je moet trots zijn op jezelf en gewoon genieten is nu de boodschap. Het zal snel genoeg weer maandag zijn en dan heb je vast spijt dat dit hele, bijzondere avontuur, achter de rug is. Verzamel de herinneringen zodat je ze straks met je lieve schatten kan delen. Ze zullen trots op je zijn en dat maakt het allemaal extra mooi.

25 MAART 17 UUR 30

De repetities zijn vlekkeloos verlopen. Het was echt zalig om te zien hoe die modellen met mijn hoeden op over de catwalk schreden. Wat een gevoel, wat een ervaring. En dan was het nog zonder publiek in de zaal en bij daglicht. Wat als straks de juiste belichting aangaat en het publiek er is? Zo spannend allemaal. Ik zal staan trillen op mijn benen, dat weet ik nu al. Ik kan me nu ook een beetje voorstellen waarom Marnix altijd zo op is van de stress voor elke show. Voor ons zijn shows al een stressy bedoening, maar voor de ontwerper zelf is het helemaal niet te doen. Dat voel ik nu maar al te goed.

Ik had me ook geen betere locatie kunnen wensen. De hele omgeving geeft alles dat sprookjesachtige dat het nodig heeft om extra tot zijn recht te komen. De zalen van het kasteel zijn ronduit indrukwekkend en prachtig. Nog veel mooier en veel indrukwekkender dan wat ik op het internet had gevonden.

Ik kan haast niet wachten tot straks, showtime. Maar ik ben ook blij dat me voor die tijd nog een paar uurtjes in mijn eentje zijn gegund. Ik wil me nog even voorbereiden. Een uitgebreid bad nemen staat nog op mijn lijstje. Ik twijfel nog altijd wat ik straks ga aantrekken. Ik kan kiezen tussen het rode jurkje met vlindermouwen uit de collectie van Alan, de zwarte jurk met bloemen van de hand van Marnix of de wijde broek met smalle zilveren bloes, ook van de hand van Marnix. Ik ga zo meteen, na mijn bad, alles eens showen voor de spiegel en dan een definitieve keuze maken. Moeilijk als er niemand is om je daarbij te helpen.

Ik zou er nu geld voor geven om Simon hier bij me te hebben. Een blik van hem zou me meteen vertellen welke outfit de meest geschikte is voor de avond. En los daarvan wilde ik ook dat hij hier was. Alles wat ik hier beleef, is geweldig en leuk, maar wat stelt het voor als je alleen bent? Gedeeld geluk is dubbel geluk. Alleen, het kan nu niet.

Ik ga hem zo nog even bellen, mijn schat.

25 MAART 19 UUR 30

Ik zit hier op bed, in mijn rode jurk met vlindermouwen, mijn haren opgestoken en helemaal opgemaakt, maar ik heb er totaal geen zin in. Het liefst pak ik al mijn spullen en vertrek ik naar huis. Ik weet nu immers zeker dat er iets aan de hand is met Simon. Ik heb hem gebeld en hij gedroeg zich, op z'n zachtst uitgedrukt, behoorlijk vreemd.

"Sara, schat, hoe gaat het?" hij riep zo luid dat het leek alsof hij naast me in de kamer stond. Maar, waarom riep hij zo luid

en wat was al dat lawaai op de achtergrond?
"Sen die een spelletje speelt," was het antwoord. Of ik mijn zoon dan even aan de lijn kon krijgen? Nee, want hij speelde met een vriendje en hij wilde zijn punten niet verliezen.
Sen die nee zegt om mij te spreken, dat kan ik niet geloven en dat vriendje? Welke vriendje? Simon heeft niet eens geantwoord op die vraag. Opeens hadden we zogenaamd een hele slechte verbinding.

Wat is daar aan de hand? Waar is Simon mee bezig? Is hij nu toch met Lieven op stap? Ik zou durven zweren dat ik gerinkel van glazen hoorde en zelfs een vrouwenstem. Maar het had geen zin om hem daar naar te vragen, want hij zou toch maar ontkennen, zo goed ken ik hem ondertussen al wel.
Ik had hier gewoon nooit naartoe moeten komen. Wat doe ik hier en waarom? Wat maakt het mij uit dat ze hier in Engeland mijn hoedjes mooi genoeg vinden voor een foto in een tijdschrift en een show in een kasteel?
Wat win ik daarmee? Ik hoor thuis te zijn bij mijn man en zoon en te genieten van ons gelukkige gezinnetje.

Nu ja, ik kan op dit moment niet weg. Ik moet wel zo professioneel zijn om dit uit te zitten. Nog een kwartiertje en dan moet ik naar de show vertrekken. Ik zal alsnog mijn best doen om ervan te genieten al ben ik nu eerder aan een potje huilen toe dan aan dat genieten.

26 MAART 1 UUR 40

Het was geweldig, ronduit geweldig. Zowel wat de hoedjes betreft als het feit dat Simon voor mij een grote bos rozen had laten bezorgen en me nog een paar lieve berichtjes heeft gestuurd. Hij heeft me net nog gebeld en hij klonk helemaal nuchter en normaal. Er is helemaal niets aan de hand, de oude bezorgde Sara had weer eens bezit van mij genomen. Ik moet daar duidelijk tegen blijven vechten.

En de show, dat was echt niet in woorden te vatten. Zo professioneel, zo mooi, zo overweldigend gewoon.
Het publiek was ook laaiend enthousiast en verschillende journalisten zijn met me komen praten. Ik heb ook kaartjes van diverse modehuizen die met me willen praten. Sommigen beloofden me morgen te bellen. Op een zondag? We zullen zien. Ik laat me niet gek maken, maar het is wel spannend. Er zijn ook al behoorlijk wat hoedjes verkocht, heb ik te horen gekregen, maar de juiste cijfers volgen volgende week. Wat is behoorlijk wat? Twee of tien? Twintig of zelfs nog meer? Ik heb geen idee en ik wil niet gaan zweven, afwachten gewoon.

Simon was door het dolle heen toen ik het hem allemaal vertelde. Hij zei dat hij me miste, maar dat hij ook zo trots op me was en dat ik ervoor moest gaan als de gelegenheden zich voor deden.

Ik voel me zo schuldig nu ik erover nadenk waar ik hem allemaal van verdacht. Terwijl hij met Sen thuis zat en ik genoot van al deze glamour en glitter, dacht ik dat hij met Lieven de bloemetjes buiten zette, compleet met vrouwelijk gezelschap en al. Ik ga hem dat in elk geval niet vertellen. Ik kan het hem niet vertellen, want het zou hem droevig maken en dat is wel het laatste wat ik wil. Ik moet mezelf er nog maar eens van overtuigen dat Simon niet langer de Simon is die ik leerde kennen. Hij is nu een volwassen, nieuw exemplaar. Niet meer de onverantwoorde rokkenjager van toen en zijn liefde voor mij is onvoorwaardelijk en echt. Ik hou van hem en hij houdt van mij, ingewikkelder dan dat moet ik het echt niet meer maken.

Ik ga nog eens naar de foto's en het filmpje van vanavond kijken, al was het maar om aan mezelf te bewijzen dat het allemaal echt gebeurd is en dan stuur ik alvast wat foto's door naar Simon.

26 MAART 11 UUR 50

Ik was nog niet eens wakker toen ik vanmorgen om half negen gebeld werd. Een van de verantwoordelijken van een modehuis in Londen aan de lijn. Hij was hier ook blijven slapen en vroeg of ik met hem wilde ontbijten zodat we een en ander konden doorspreken. Blijft die droom hier maar doorgaan? Een verantwoordelijke van een modehuis in Londen????

Ik was alweer helemaal onder de indruk en dat niet alleen van die man en zijn titel, maar ook van het Engelse ontbijt dat me wachtte. Alles erop en eraan. Bij ons zou dat ontbijt eten voor een hele dag kunnen zijn. Ik wist niet wat ik eerst moest proeven en toen ik eenmaal genoeg had gegeten, had ik spijt van alles wat ik nog moest laten liggen. De verse thee smaakte trouwens ook heerlijk.

En dan was er nog de vraag van mijn tafelgenoot om morgen, voor ik weer naar huis vertrek, bij hem langs te komen op zijn kantoor in Londen. Hij wil een en ander met me bespreken, samen met enkele van zijn directieleden. Hij heeft interesse om mijn modelijn in Londen te introduceren. Ik dacht eerst dat mijn kennis van het Engels me in de steek liet of dat mijn oren niet helemaal in orde waren. Maar ik had hem wel degelijk goed begrepen.

"Ik wil de eerste zijn," voegde hij er nog aan toe. Alsof de kandidaten voor mij in de rij staan.

"Wees maar gerust dat er nog gegadigden zijn," pikte hij in op mijn verbaasde, vragende gezicht. Sorry, maar dat overdrijft hij toch volgens mij. Ik kan hem onmogelijk op zijn woord geloven. We zullen het wel zien.

De uitnodiging voor het gesprek morgen heb ik alleszins al aanvaard. Ik moet toch terug naar Londen, ik kan dus best een beetje vroeger vertrekken en langs het kantoor gaan. Ik moet eerlijk toegeven dat ik toch wel razend benieuwd ben naar wat ze me daar te bieden hebben.

Wees gerust, ik blijf wel met mijn twee voetjes op de grond staan, hoor. Ik verwacht er niets van, maar het gesprek op zich lijkt me al wel spannend. Ik laat me hoe dan ook niet gek maken.

26 MAART 14 UUR 15

De man had dus niet overdreven. Er zijn inderdaad nog gegadigden opgedoken. Ik kreeg maar liefst twee telefoons sinds ik hier laatst iets heb geschreven en allebei drongen de bellers erop aan om me morgen te mogen ontvangen op hun kantoren in Londen. Allebei willen ze het met me hebben over de mogelijkheid om mijn hoedenlijn hier op de markt te brengen.

"Doen, Sara, doen!" riep Simon door de telefoon. "Ik wil weten wat ze je bieden. Ik wil weten wat jouw ontwerpen voor hen waard zijn. Je bent zelf ook wel benieuwd, neem ik toch aan?"

Ja, ik ben benieuwd, maar ik heb eigenlijk geen zin in die extra gesprekken.
"Doe het dan om mij een plezier te doen," drong Simon aan en dat ga ik doen ook. Ik hou genoeg van mijn man om die inspanning voor hem te leveren.
"Je bent er nu toch, schat," zei Simon nog en daar heeft hij natuurlijk gelijk in. Luisteren kan nooit kwaad.

26 MAART 17 UUR 30

Aan die high tea kan ik zeker wel wennen. Wat een verwennerij zeg. Die heerlijke sandwiches met zalm en dille en dan al die zoetigheden. Ik zou me hier helemaal rond eten als ik hier woonde. Het was ook heel gezellig met de vrouwen van het modeblad en een paar andere gasten die nog waren blijven slapen. Ik heb heel veel leuke mensen leren kennen in de voorbije dagen met wie ik zeker nog contact ga houden. Maar ik heb ook stiekem mijn koffer al gepakt om morgen weer naar huis te vertrekken. Wat ik morgen wil dragen voor mijn reis terug naar Londen, de besprekingen en mijn vertrek, heb ik al klaargelegd. Een makkelijke, maar toch stijlvolle donkere broek en een speels bloesje erop dat voor alle gelegenheden goed is. Voor de zekerheid heb ik er nog een jasje bij gelegd, want het kan behoorlijk guur zijn hier en dan mijn warme jas met sjaal. Voor vanavond heb ik voor de zwarte jurk met bloemen gekozen en de rest zit al netjes opgevouwen in mijn valiesje, klaar om er pas in België weer te worden uitgehaald.

Ik moet zeggen dat ik alles bij elkaar ook wel heel trots ben op mezelf. Ik heb dat goed gedaan, durf ik tegen mezelf te zeggen. Terwijl ik zo nerveus was om naar hier te vertrekken, heb ik me toch niet laten tegenhouden door de zenuwen. En, ik heb me in het Engels ook best goed uit de slag getrokken. Niemand heeft me twee keer moeten vragen wat ik precies had gezegd. En morgen ga ik dat ook nog goed doen. Ik moet het vertrouwen bewaren in mezelf. Vooral omdat ik wil dat Simon trots op me is.

Ik heb het al gezegd: mijn man helpt me om boven mezelf uit te groeien. Zijn geloof in mij zorgt ervoor dat ik meer doe dan ik anders ooit zou hebben aangedurfd.

26 MAART 19 UUR 30

Alweer klaar voor het diner. Als ik er goed over nadenk heb ik hier vooral veel gegeten en gedronken de voorbije dagen. Nee, ik ben niet dronken geweest of zo, maar het had gemakkelijk gekund. De meest exclusieve drankjes hebben ze me hier aangeboden. Ik heb er met gemak aan kunnen weerstaan. Waar ik meer problemen mee had en zelfs helemaal niet in geslaagd ben, was het afslaan van de heerlijke zoetigheden die van overal werden aangedragen. Gisteren tijdens de show op zilveren dienbladen, vanmorgen bij het ontbijt in buffetvorm en bij elke high tea op etagères om u tegen te zeggen. Als ik hier nog veel langer zou blijven, dan ging ik bolrond en met een verhoogde suikerwaarde in mijn bloed terug naar huis ☺.

Misschien moet ik die high tea bij ons ook eens lanceren, alleen in de weekends of zo, dan is het nog wel haalbaar. Sen zou er in elk geval ook van smullen, want hij is al net zo'n zoetebek als ik.

27 MAART 12 UUR 40

Ik zit hier alleen in een snackbar, in hartje Londen. Dit keer heb ik echter geen zin in eten. Ik moet even bekomen van het eerste zakelijke gesprek van deze dag. Nee, niet zozeer van de inhoud van het gesprek. Dat was eigenlijk zo'n beetje wat ik er, in alle bescheidenheid, van had verwacht. Ze willen mijn hoedjes lanceren in Londen en wij moeten bij Présence eens bekijken hoe we dat zakelijk kunnen regelen en wat we daar financieel tegenover willen zien staan. Dat moet ik dus eens uitvoerig met Simon bespreken. Tenminste, als ik het wil bespreken. Misschien moeten we deze hele onderneming gewoon vergeten. De show was leuk, klaar. Ik maak geen hoedjes

meer of alleen nog voor ons eigen bedrijf. Of ik maak helemaal geen hoedjes meer. Ik doe helemaal niets meer. Ik heb het gehad.
Waar dat gevoel opeens vandaan komt? Waarvan denk je? Als ik zo aan de grond zit opeens, dan ligt Simon daar altijd wel ergens van aan de basis.

Hoe? Wel, ik zit daarnet op het kantoor bij het modehuis en wat zie ik daar staan op een map met mijn naam erop? De naam van Brenda. Brenda? Doet ze een belletje rinkelen? Brenda de modejournaliste. De vrouw met de ravenzwarte haren en de vuurrode lippenstift. De vrouw die al sinds mensenheugenis achter Simon aanloopt en er alles voor gedaan heeft om hem in haar netten te strikken. Dat lukte haar trouwens ook voor hij mij leerde kennen. Haar gesofisticeerde verleiderstechnieken hebben me altijd behoorlijk wat angst ingeboezemd. En dan ben ik hier in Londen, voor een voor mij onverwacht gesprek en zie ik haar naam op een map staan. Hoe kan ik dat verklaren?

"Oh Brenda," zei mister Smith, de man met wie ik op dat moment zat te praten. Hij begon te stralen terwijl hij haar naam uitsprak, ook al zo'n typische man dus. "Brenda is al lang een belangrijke contactpersoon voor ons in België. Zij kent het modewereldje van binnen en van buiten, op haar oordeel kan je vertrouwen. Een vrouw met een oog voor al wat hot is."

Haar oordeel? Dus Brenda heeft hen hier overtuigd om mijn hoedjes eens van dichterbij te bekijken als ik het goed begrijp.
"Brenda heeft ons getipt, ja. Ze zei dat ze je ook bij Stylish ging introduceren en ze liet je man met ons bellen om haar verhaal te bevestigen. We hoefden de hoedjes zelfs bijna niet meer te zien om overtuigd te zijn van je talent. Brenda heeft ons weer eens niet teleurgesteld."

Brenda, Simon. Waarom wist ik daar niets van? Waarom heeft Simon me daar niets over verteld? Ik dacht dat ik ter plaatse van mijn stoel ging vallen. Simon en Brenda hebben dit dus samen geregeld en mij heeft Simon daar niets over verteld. Mij doet hij geloven dat het allemaal louter toeval is. Hoe is dit mogelijk? Hoe heb ik me weer zo in de luren kunnen laten leggen? Wanneer ga ik Simon eindelijk eens doorgronden? Wanneer ga ik hem eindelijk eens doorzien? Elke keer wanneer ik denk: nu ken ik hem, nu kan ik hem vertrouwen, presteert hij het toch weer om me voor schut te zetten. Telkens opnieuw pijnigt hij me zo dat ik mijn hele leven in duigen zie vallen.

Een overdreven reactie van mij? Ik dacht het niet. Als Simon met Brenda samenwerkt, dan is dat heel slecht nieuws en vooral als ze samenwerken om mij naar Engeland te krijgen. Is dat de reden waarom ik zaterdag die vrouwenstem hoorde? Is dat de reden waarom hij zich zo vreemd gedroeg?

Het was dus Lieven niet, het was Brenda. Het was dus nog veel erger dan ik vreesde.

Hoe moet ik hier nu op reageren? Wat moet ik doen? Moet ik Simon bellen om hem te confronteren met de feiten? Moet ik hem vragen of hij weet wat de naam van Brenda op een map met mijn naam erop in Londen deed?
Nee, dat is geen goed idee. Hij zal zich waarschijnlijk aan zo'n vraag verwachten. Hij heeft al lang een antwoord ingestudeerd. Simon is altijd goed in het beantwoorden van mijn vragen. Hij zal voor alles al een plausibele uitleg klaar hebben.

Sen die bij vake en Lut logeerde omwille van een hondje. Sara, Sara, hoe naïef kan je zijn? Wanneer ga jij eindelijk eens opgroeien? Het is niet Simon die onvolwassen blijft, je bent het zelf.

Simon, Simon. Ik kan zijn reactie zo al horen.
"Je ziet spoken, Sara, er is helemaal niets aan de hand, Sara. Wat moet ik met Brenda? Als ik echt iets met haar wil doen, dan moet jij daar toch niet voor naar Engeland."
Nee, ik wil hem nu niet horen. Ik wil zelfs niet naar huis. Ik wil niet het gevaar lopen dat ik hem misschien nog ga geloven ook.

27 MAART 18 UUR 45

Ik had nu al thuis kunnen zijn bij Simon en Sen, maar ik zit op hotel in de Britse hoofdstad. Officieel omdat ik morgen nog een paar belangrijke gesprekken heb en misschien ook de dagen erna, maar in werkelijkheid omdat ik alles even moet laten bezinken. Tenminste, die gesprekken staan echt wel gepland, maar ik zou die planningen nooit hebben gemaakt als de naam Brenda hier niet was opgedoken. Ik zou zo veel liever thuis zijn, onder normale omstandigheden dan.

Ik kan dit gewoon niet geloven. Ik was er vast van overtuigd dat Brenda al lang van het toneel was verdwenen. Tenminste dan toch wat Simon persoonlijk betrof. Ja, we kwamen haar nog tegen op shows en we hadden haar soms nog nodig als journaliste, maar ik dacht niet dat het tussen haar en Simon nog verder ging dan dat. Hij sprak met haar, zakelijk, dat was het dan.
Nu blijkt het dus allemaal heel anders te zijn verlopen. Er was nog wel degelijk closer contact tussen Brenda en Simon. Achter mijn rug om hebben ze allebei met Londen gebeld en ik maar geloven dat al die afspraakjes spontaan tot stand waren gekomen.

Voor zover ik het nu kan inschatten, hebben die twee dat hele weekend voor mij zitten bekokstoven. Ik hoor het ze al tegen elkaar zeggen, fluisterend, lachend misschien: hoe krij-

gen we Sara voor een paar dagen het land uit?
"Haar hoedjes zijn niet onaardig, daar kan ik wel wat mee," zal Brenda gezegd hebben. En die hond van de buren bij vake en Lut? Was dat een gelukkig toeval dat hen helemaal het huis voor hen alleen gaf? Heeft die Brenda in mijn eigen bed gelegen met mijn eigen man? Ik mag er niet eens aan denken. Twee tortelduifjes in mijn eigen woonst.
Wat een stomme, stomme, idiote trien ben ik toch.

En dan de verontwaardiging van Simon toen ik hem net belde om te zeggen dat ik hier nog langer bleef.
"Schat, ik ben heel trots op je. Ik vind het jammer dat je vandaag niet thuis komt, maar ik begrijp het natuurlijk wel."
En of hij het begrijpt. Hij en Brenda hebben nu waarschijnlijk al een intiem feestje gepland om te vieren dat ze me zo gemakkelijk hebben weten om te kopen. Ze klinken op mijn naïviteit, maar daar zullen ze snel genoeg op terugkomen. Ik ben niet de naïeve trien waar zij me graag voor houden. Niet meer tenminste. Ik kan veel sneller de dingen bij elkaar optellen. Het enige wat ik nog niet weet, is hoe ik hierop ga reageren. Ik mag ze niet het plezier gunnen dat ik kwaad op ze wordt, maar ik kan dit natuurlijk ook niet zomaar naast me neerleggen. Daarom moet ik me hier een paar dagen extra bezinnen.

Natuurlijk vind ik het heel erg dat ik Sen langer zal moeten missen, maar dit is voor het goede doel. Als ik nu naar huis ga, dan gaan er potten gebroken worden die misschien niet meer te lijmen vallen. Ik moet van hieruit trachten om een beter zicht op de situatie te krijgen zonder nu al dingen te gaan zeggen of doen waar ik misschien later nog heel veel spijt van krijg. Stel dat het allemaal nog niet zo erg is. *Wishfull thinking*, Sara, *wishfull thinking.*

28 MAART 7 UUR 15

Ik heb vrijwel geen oog dicht gedaan, precies zoals ik had verwacht. Verdomme, Simon, waarom toch? Waarom moet je me elke keer zo'n pijn doen? Wat is voor jou de meerwaarde aan het liegen en bedriegen? Hoe kan het dat jij je daar goed bij voelt?
Wat stelt het dan allemaal voor voor jou, wat wij samen hebben? Alles wat we samen hebben opgebouwd. We hebben een pracht van een zoon, een bloeiende zaak, een huis waar we allebei gek op zijn. Wat wil jij nog meer in het leven? Die korte kick van het vreemdgaan, is dat het allemaal waard?

Maar dat is het juist natuurlijk. Simon is geen man om zich te settelen en blij te zijn met het kleinburgerlijke van al die dingen. Hij wil vliegen, genieten, voelen dat hij leeft. De dingen waar ik me gelukkig mee prijs, die zijn voor hem veel te simpel. Het leven moet vonken geven anders kan hij niet gelukkig zijn. Heb ik al die jaren in de illusie geleefd dat ik hem net zo'n gelukkig gevoel kon geven als hij mij? Nu is hij terug in de armen gedoken van die verleidster die er van bij het begin op uit is om hem van mij af te snoepen.

Hij vond het duidelijk niet erg toen ik belde dat ik hier nog bleef. Nee, natuurlijk niet. Dat is meer dan waarschijnlijk een onderdeel van hun plannetje. Mij zolang mogelijk hier houden. Om hun plannen te dwarsbomen zou ik moeten vertrekken en onverwacht thuis op de stoep moeten staan, maar dat doe ik niet. Ik wil Simon voorlopig niet zien. Ik kan het niet. Ik weet dat ik me niet sterk kan houden en ik wil niet breken in zijn bijzijn, dat gun ik hem gewoonweg niet en haar al helemaal niet.

Het ergste is dit natuurlijk voor Sen. Ik zou bij hem moeten zijn. Ik kan nu alleen maar hopen dat Simon tenminste zijn vaderrol ter harte neemt. Doet hij dat niet, dan is het wat mij betreft, over en uit. Ik kan veel verdragen en veel door de vingers zien, maar ook ik heb mijn grenzen. Ik zal straks Lut bellen om te vragen of zij weet hoe het met Sen is.

28 MAART 10 UUR 30

Het gesprek met Lut was ook niet bepaald opbeurend. Tenminste dan toch niet wat haar verhaal betrof. Over Sen had ze

gelukkig wel goed nieuws.
"Maak je over Sen geen zorgen, Sara. Hij en zijn papa hebben het goed samen. Je vake is nog langsgeweest gisteren en ze zaten samen Dokter Bibber te spelen. Ze hadden veel plezier zei hij."
En Brenda waar was die? Verstopt in de kast misschien tot ons vake weer vertrokken was? Niet belachelijk doen, Sara. Zo ver zou zelfs Simon niet gaan. Hij gaat mij niet bedriegen in het bijzijn van Sen. De zaken zijn al erg genoeg zoals ze zijn, ik moet ze niet nog extra op de spits gaan drijven.

Met Lut zelf ging het helemaal niet goed trouwens. Ik hoorde meteen hoe gedeprimeerd ze was en toen ik erop aandrong om me te vertellen wat er aan de hand was, kwam uiteindelijk het hele verhaal.
"Je vader heeft er genoeg van, Sara, dat wordt nu wel heel duidelijk. Ik kan niets meer goed doen in zijn ogen. Ik heb het gevoel dat ik de hele dag in de schaduw van je moeke leef. Begrijp me niet verkeerd. Ik heb altijd veel respect gehad voor zijn liefde voor je moeder. Ik vond het aandoenlijk hoe hij over haar praatte en ik denk dat wij zelfs vriendinnen hadden kunnen zijn. Maar de laatste tijd is het anders. Nu lijkt hij me in alles met haar te vergelijken en elke vergelijking valt in mijn nadeel uit."

Overdrijft ze nu niet een beetje?

"Ik meen wat ik zeg, Sara. Ik raak hem kwijt. Ik loop hem in de weg. Het is nog slechts een kwestie van tijd voor hij me dat ook echt gaat vertellen."

"Lut, we maken allemaal wel eens een moeilijke periode mee," probeerde ik haar gerust te stellen. "Ons vake is nu aan de beurt. Geef hem wat tijd, het komt allemaal weer goed. Je weet dat hij je graag ziet."

Ik bleef maar op haar inpraten terwijl ik zelf eigenlijk niet wist of ik wel de waarheid sprak. Ja, hij ziet haar graag, maar ja hij maakt ook een moeilijke periode door en nee ik weet niet wat de uitkomst gaat zijn straks. Misschien zal hij inderdaad bij Lut terugkomen en haar opnieuw zijn liefde verklaren, maar misschien blijft hij ook hangen in het verleden en beslist hij dat hij toch beter alleen blijft. Het kan alle kanten op en dat beseft Lut ook wel. Ik kan alleen maar hopen dat ik haar toch een beetje heb gerustgesteld, die arme Lut.

Mannen, mannen, mannen. Wat is dat toch met hen en wat is het met ons dat we hen nog altijd nodig hebben. Na al die eeuwen is dat nog altijd hetzelfde gebleven. We hebben mannen nodig en waarom? Om ons duidelijk te maken hoe hard het leven kan zijn? Om ons duidelijk te laten voelen hoe gemakkelijk ze ons hart kunnen breken en hoe onbetrouwbaar en egocentrisch ze zijn? Ken ik andere mannen? Ken ik er die niet aan die beschrijving voldoen? Ik dacht het niet.

Ik heb het al vaak gezegd: dat ons vake moeke mist, daar kan ik inkomen en dat vind ik zelfs nog leuk als ik eerlijk ben. Maar dat hij Lut daarvoor opzijschuift, dat kan ik niet appreciëren. Lut is het beste wat hem op dit moment in zijn leven kon overkomen en als hij haar laat vertrekken, dan zou hij zich dat wel eens levenslang kunnen beklagen.

En dan is er Simon. Waar wil die naartoe met wat hij nu weer aan het uitspoken is? Een weekje rollebollen met knappe Brenda en dan? Wie wordt de volgende?

Mannen! Ik wou dat we zonder konden leven. Echt waar!

28 MAART 16 UUR 50

Anders dan mijn gemoedstoestand, gaan de zakelijke gesprekken hier geweldig. Alles loopt van een leien dakje. Misschien is dat wel dé manier om terug te slaan naar Simon en zijn 'rode-lippenstift-madam'. Ik zal ze eens laten zien dat Sara wel degelijk de deal kan sluiten die zij louter als alibi voor mij hadden bedacht. Ze zullen er nog van opkijken straks en dan zal ik degene zijn die laatst lacht.

Misschien is het ook mijn woede die me zover drijft, die me boven mezelf doet uitstijgen op zakelijk vlak. Dan zou al dat gedoe toch nog ergens goed voor zijn, al weiger ik er zo positief over te denken.

28 MAART 22 UUR 20

De strijdlustigheid van deze namiddag heeft plaatsgemaakt voor vreselijke huilbuien. Ik heb room service besteld en ben mijn kamer niet meer uit geweest. De pasta met schelpjes zag er heerlijk uit, maar ik heb hem nauwelijks aangeraakt. Ik heb geen honger en ik kan niet slapen. De gedachte aan eten maakt me misselijk, als ik mijn ogen sluit zie ik Simon en Brenda en als ik wakker ben, dan huil ik. Ik zou zo graag wegzinken in een diepe slaap die me tenminste enkele uren alles doet vergeten en me morgen met een fris hoofd weer laat opstaan. Nog liever zou ik morgen wakker worden in mijn eigen bed, beseffend dat het allemaal maar een droom is geweest. Het zou me zelfs niet zwaar vallen als zou blijken dat de show van mijn hoedjes ook tot de droom behoorde. Zolang mijn huwelijksleven maar weer vlekkeloos verloopt, wil ik er alles voor opgeven. Letterlijk alles.

Ik maak mezelf iets wijs als ik zeg dat mijn wraak zoet zal zijn. Niets zal zoet smaken als ik Simon met haar zie. Het enige wat ik wil, is gelukkig zijn met mijn man en mijn zoon. Mijn hoeden, de andere collecties van Présence, ja zelfs ons huis, kunnen me allemaal gestolen worden. Mijn geluk is louter en alleen afhankelijk van Simon. Als ik zeker weet dat hij me graag ziet, dan kan ik de wereld aan. Hij en Sen natuurlijk, maar aan de liefde van mijn zoon twijfel ik geen moment. Die is onvoorwaardelijk en zonder grenzen.

Al een paar keer ben ik in de verleiding gekomen om Simon te bellen en hem te vragen hoe de vork aan de steel zit. Maar het heeft geen zin. Hij zal niet eerlijk antwoorden en ik zal met evenveel vragen zitten na het gesprek als ervoor. Misschien zelfs nog meer, want ik zal me ook nog moeten afvragen waar hij al die leugens vandaan haalt. Liegen heeft Simon altijd goed gekund, als de beste. Hoelang heeft hij me voor ons huwelijk niet aan het lijntje gehouden, samen met zijn goede vriend Lieven. Wie weet zit Lieven nu ook weer mee in het complot. Sara nog maar eens een keertje om de tuin leiden, Lieven kickt erop. Ze zullen daar nogal lachen om mij met z'n drietjes. Ik, de goedgelovige Sara. Ze hebben me weer eens goed voor de gek gehouden en wat is er leuker dan dat?

Pff, ik denk dat ik een pijnstiller ga nemen. Mijn hoofd staat op barsten en misschien kan zo'n pilletje me helpen om in te slapen. Even weg van de wereld, dat lijkt me nu zo heerlijk. Ik wilde dat ik kon vluchten naar een plek waar ik me vrij en gelukkig voelde, maar ik weet dat zo'n plek niet bestaat. Nergens ter wereld zal ik me nog gelukkig voelen. Nergens zonder de liefde van Simon.

29 MAART 2 UUR 40

Ik heb dan tenminste toch een paar uurtjes kunnen slapen en zelfs vast genoeg om mijn telefoon niet te horen. Ik heb dwars door een oproep van Simon heen geslapen. Ik hoorde net zijn stem op mijn voicemail. Die stem alleen al maakte me week. Tenminste, voor even dan toch.

'Schat, je slaapt waarschijnlijk al. Jammer, want ik wilde je stem toch nog eens horen voor ik ging slapen en ik wil je nog eens zeggen hoe trots ik op je ben. Mijn eigen Sara in Londen om er furore te maken met haar creaties. Hoe geweldig is dat. Ik mis je, kusjes.'

Normaal zou ik dolgelukkig zijn met zo'n bericht, nu word ik er kotsmisselijk van. Dat hij me zo schaamteloos beliegt en bedriegt en dan nog zulke berichten durft te sturen ook. Dat hij die woorden zelfs over zijn lippen krijgt. Heeft hij dan totaal geen scrupules in dat mooie lijf van hem?
Wat is er trouwens allemaal al gebeurd met dat lijf sinds ik hier ben? Bah, ik wil er niet aan denken, maar het is sterker dan mezelf. De beelden blijven maar flitsen, de vragen blijven komen.

Van slapen zal nu wel niet veel meer in huis komen. Wat moet ik met Simon? Waar is hij nu mee bezig? Zou hij liggen wachten tot ik hem terugbel? Nee, natuurlijk niet. Hij heeft wel wat beters te doen of alleszins wat beters om van te dromen ☺.

29 MAART 14 UUR 30

Als het allemaal niet zo schrijnend was, dan zou ik hier met volle teugen genieten van alles wat me overkomt.
De ene afspraak loopt hier in de andere over en dat heeft al lang niets meer met Brenda te maken, dat is me ondertussen wel duidelijk.

Nu ben ik net terug van een lunch met mister Brown en mister Grant, de aankopers van een grote modewinkelketen hier in de stad en in enkele andere grote steden.
"We zouden je hoedjes graag in onze etalages zien liggen," vertelden ze me zomaar alsof het de normaalste zaak van de wereld betrof. Ze waren zo lovend, alweer. Ik hoor het nu elke dag en toch kan ik het nog altijd niet geloven.

Misschien hebben Simon en zijn vriendin me hier wel geïntroduceerd met die paar foto's, maar de interesse die me hier te beurt valt is echt en daar durf ik best een beetje trots op zijn.

Ik heb net even met Marnix gebeld trouwens, want ik zie hier ook wel een markt voor onze haute couture nu ik dan toch bezig ben. Zijn enthousiasme deed me goed. Ik denk dat zijn jaloezie al wat gezakt is en ik zou het geweldig vinden als ik hem hier op weg kon helpen. Marnix verdient dat. Nee, ik heb het niet met Simon overlegd. Ik overleg niets met hem. Vanmorgen heeft hij me kort gebeld voor hij Sen naar school bracht, maar ik heb eerder met onze zoon gepraat dan met hem.

"Hoor ik je vanavond?" vroeg mijn man nog aan het einde van het gesprek en hij klonk zowaar hoopvol. Zoals ik al zei, het is hem nooit zwaar gevallen om te liegen of iets voor me te verzwijgen. Misschien had hij wel acteur moeten worden. Een rolletje spelen, dat kan hij als de beste. Wel, hij bekijkt het voorlopig maar. Als hij me belt, kan hij me horen, zelf neem ik geen contact op. Ik bel Sen zo meteen nog wel even bij Lut.

29 MAART 18 UUR

Ik ben blij dat Sen tenminste vrolijk klonk. Aan de ene kant doet het een beetje zeer om te horen dat hij me niet vreselijk lijkt te missen, aan de andere kant is het goed dat hij tenminste nog vrolijk door het leven gaat. De kleine grootste schat van mij. Als ik hem één ding wil leren in het leven, dan is het wel dat hij respect moet tonen voor vrouwen en hen niet moet gebruiken zoals zijn vader dat doet. Oké, ik zal het iets genuanceerder zeggen dan dat en ik zal er nog een paar jaar mee wachten, maar ik wil wel dat hij de boodschap goed begrijpt.

Sen was met Lut gaan winkelen en ze heeft een nieuwe trui voor hem gekocht waar hij duidelijk heel blij mee was, plus een pennenzak die hij mooi vond en een nieuw boek. Verwennerijtjes van die lieve Lut.
Ook zo typisch dat het eerder de nieuwe vrouw van mijn vader is dan zijn eigen grootmoeder langs Simons kant die Sen zo verwent. Oké, ik weet wel dat Margot Sen ook graag ziet en dat ze gewoon veel koeler is, maar het blijft toch treffend. Een familietrekje, dat afstandelijke. En ik maar denken dat ik Simon wat had weten te kneden, dat ik hem duidelijk had laten voelen wat echte liefde is. Niet, zo blijkt dus nu. Hij is en blijft dezelfde Don Juan die hij altijd al is geweest.

Maar wat hij kan, kan ik ook. Nee, ik ga hem niet bedriegen, maar ik ga wel op stap met een knappe, gedistingeerde man zo meteen. Een van de belangrijkste aankopers van een belangrijke modeketen hier in Londen heeft me uitgenodigd voor een diner. Een beetje praten over het werk en je een stukje van Londen laten zien, stelde hij vanmiddag voor. Normaal zou ik zoiets weigeren en hem vragen om er een werklunch of iets dergelijks van te maken, maar waarom ook niet? Wat is mijn alternatief? Snikkend of piekerend op mijn kamertje blijven zitten? Ik dacht het niet. Misschien moet ik Simon toch maar een bellen om hem over mijn uitstapje te vertellen. Misschien vindt hij het alleen maar grappig en juist fijn dat ik ook de overspelige toer op ga, maar misschien kan ik hem toch nog een beetje jaloers maken. Misschien kan ik hem een klein beetje van de pijn laten voelen waar hij mij mee overvalt.

30 MAART 1 UUR 10

Phoe, blij dat ik terug op mijn kamer ben. Charmant was mijn gezelschap zeker, maar ook duidelijk uit op meer. Eerst dacht ik nog dat hij alleen maar galant wilde zijn toen hij voor mij de taxi uitstapte en de deur voor me openhield, me een hand reikte om uit te stappen. Maar we stonden net samen op de stoep toen hij zich op me stortte. Hij begon me te kussen in mijn hals en greep naar mijn billen.
"Neem je me mee naar boven, Sara?" fluisterde hij in mijn oor.
Ik dacht het niet.

"Waarom niet?" vroeg hij dan nog verbaasd.
"Omdat ik getrouwd ben."
Hij trok een wenkbrauw op.
"Ik ook."
"Mooi, een reden te meer om het niet te doen."
"Waarom niet? Mijn vrouw heeft ook haar avontuurtjes en je man is in België."

“Ja en wat dan? De afstand maakt hem niet minder mijn man.”
“Hij hoeft het nooit te weten.”
“Ik zal het weten en dat is genoeg.”

Ik heb hem snel weer in de taxi gekregen. Soms zou een vrouw gaan twijfelen of er nog oprechte mannen bestaan op deze wereld. Welke vrouw kan nog met de hand op het hart zeggen dat ze nooit door haar man bedrogen is? Ik weet het, voor elke man die zijn vrouw bedriegt, is er ook een vrouw die daaraan meewerkt, maar toch. Vrouwen en liefde, het blijft nog een ander verhaal dan mannen en liefde. Voelen zij wel echte liefde of is en blijft het hen om de seks te doen?

Nochtans begon deze avond veelbelovend. Jason nam me zowaar mee voor een toertje in de Londen Egg, je weet wel dat reuzenrad met de grote bollen van waaruit je comfortabel over Londen neer kan kijken. Nu ben ik niet echt een fan van grote hoogtes en kermisattracties, maar dit viel me reuze mee. Echt mooi. Ik heb ervan genoten en vooral met de deskundige uitleg van Jason erbij die me elk gebouw kon aanwijzen en er nog iets bij wist te vertellen ook.

Daarna zijn we een eindje door Londen gaan wandelen en kreeg ik enkele van de belangrijkste bezienswaardigheden bij avond te zien. Mooi. Mijn gezelschap ontplooide zich ook nu tot een geweldige gids die bij elk gebouw of elke straat iets boeiends wist te vertellen. Soms waren het ronduit hilarische

verhalen, heerlijk. Ik voelde me zowaar een beetje opgevrolijkt. Leuke man, die Jason, dat dacht ik toen nog.
Hij vertelde me dat hij een man van de wereld is, die nog maar weinige wereldsteden niet heeft bezocht, maar dat hij nooit in een andere stad dan Londen zou willen wonen. Ik kan er me iets bij voorstellen. Als ik hier geboren zou zijn, dan ging ik hier waarschijnlijk ook nooit meer weg. Deze stad heeft het allemaal. Maar dat vind ik ook van Antwerpen, mijn eigen thuisbasis. Vreemd toch dat een mens zo vergroeid kan zijn met een stad, met gebouwen, straten en monumenten en dat je er zelfs zo trots op kan zijn. Ik zou me nergens meer thuis kunnen voelen dan in de stad waar ik ben geboren en opgegroeid.

Jason vertelde me ook enthousiast over zijn bezoekjes aan Antwerpen. Hij kende de stad en dus hadden we bij het eten al meteen iets om over te vertellen, over van gedachten te wisselen. De stad aan de Schelde, met haar eeuwenoude straatjes, terrasjes en eetcafés.
"Nergens heb ik ooit zo lekker gegeten dan in Antwerpen," aldus Jason en ja, mijn neus krulde bij dat compliment aan mijn stad. Geweldig, toch?

Verder hebben we het uitgebreid over onze kinderen gehad. De twee zoontjes van Jason zijn respectievelijk twee jaar ouder en een jaar jonger dan Sen en dan praat je natuurlijk makkelijk een eindje weg over die leeftijdsfase en zijn bijzonderheden. Ook die verhalen wist Jason heel boeiend en grappig te brengen en regelmatig begon ik spontaan te lachen. Knap dat hij me zover kreeg. Over zijn vrouw had Jason het niet en aan het einde van de avond werd me duidelijk waarom. Hij wilde dat deel van zijn leven blijkbaar niet met mij bespreken omdat hij andere plannen had. Oké, ik heb het ook niet uitgebreid over Simon gehad, maar dat had een andere reden en ik heb hem wel vernoemd.

Via Jason had ik mijn man natuurlijk kunnen terugpakken. Zelfs zonder dat hij het ooit te weten was gekomen, had ik hem voor mijn gevoel lik op stuk kunnen geven. Maar nee, zo zit ik niet in mekaar. Zelfs nu ik twijfel of Simon me op dit eigenste moment wel trouw is, zou ik hem nog niet kunnen bedriegen. Ik zie hem veel te graag om dat te doen. Ik vraag me af hoe het met mij verder moet als het ooit echt tot een definitieve breuk komt. Zal ik ooit nog een man om me heen kunnen verdragen? Ik heb Simon mijn hele hart en ziel gegeven en het is nog maar zeer de vraag of ik die ooit nog van hem zal kunnen losweken. Zal het zijn zoals tussen ons vake en Lut? Zal ik me aan een ander binden, denkend dat ik van die ander minstens zoveel kan houden als van Simon om dan terug weg te zinken in het gemis?

Simon, Simon. De tranen komen alweer boven en het wordt alleen nog erger als ik zie dat hij me weer een paar keer heeft proberen te bellen. Waar is hij mee bezig? Als hij me zo graag het land uitwilde om met zijn Brenda aan de rol te gaan, waarom laat hij me dan niet gewoon met rust? Vindt hij het leuk om me het gevoel te geven dat hij me mist en me vervolgens schaamteloos te bedriegen? Geeft dat hem nog een extra kick?

30 MAART 10 UUR

Ik zit in een taxi richting centrum. Ik heb om half elf met Jason op zijn kantoor afgesproken en ik heb er zo geen zin in. Wat als hij nog kwaad is om mijn afwijzing van vannacht? In dat geval zou dit wel eens een zeer genante vertoning kunnen worden. Er zullen nog een paar andere mensen bij de vergadering aanwezig zijn, dus dat stelt me al een beetje gerust. Of juist niet, hij kan me belachelijk maken.

We rijden langs Buckingham Palace en ik kijk mijn ogen uit. Wat een pracht en praal! De toeristen drummen samen om een glimp van de wereldberoemde wachters op te vangen en ik stel me voor hoe de Queen in een van haar vertrekken in haar eigen dagboek zit te schrijven. Kijkt ze op dit moment misschien naar buiten en ziet ze mijn taxi voorbijrijden? Gekke Sara, ik blijf deels toch altijd een kind dat nog kan geboeid worden door sprookjes over prinsen, prinsessen, koningen en koninginnen.

Maar is hun leven zoveel eenvoudiger dan het onze? Hebben zij minder hartzeer bijvoorbeeld? Ik dacht het niet. Ik denk aan het verhaal van Lady Diana die ook belogen en bedrogen werd en dat dan nog terwijl de hele wereld erop zat te kijken en de roddelpers ervan smulde.

30 MAART 12 UUR 30

Ik maakte me voor niets zorgen over Jason. Want als ik hem een ding kan nageven, dan is het wel dat hij zich als een perfecte gentleman en gastheer heeft gedragen. Met een hartelijke handdruk heette hij me welkom in zijn imposante kantoor van waaruit je half Londen kan overschouwen. Je ziet er zelfs meer dan wanneer je in de Londen Eye zit. Geweldig gewoon. Aan een grote, glimmende tafel, zaten enkele van zijn medewerkers en ze waren allemaal even voornaam en vriendelijk. Stuk voor stuk deden ze de naam van de Engelse gentleman alle eer aan, al kon ik het niet helpen dat ik me toch even zat af te vragen of ook zij hun vrouwen regelmatig bedrogen. Geen man is vandaag nog veilig voor die gedachten van mij, sorry.
Ik droeg vandaag niet voor niets een hoge gesloten bloes met een nette broek eronder. Ik wilde de heren niet de minste aanleiding geven om hun gedachten te laten afleiden naar iets anders dan ons zakelijke gesprek.

Dat lukte prima, want bij een paar kopjes koffie hebben we mooie afspraken kunnen maken. Als deze plannen allemaal doorgaan, dan krijg ik hier straks een eigen hoedenlijn die door deze winkelketen alvast enthousiast aan de man (excuseer aan de vrouw) zal worden gebracht. Ik kan nog steeds niet goed geloven dat mij dit allemaal overkomt. Als ik Simon en Brenda een ding moet nageven, dan is het wel dat ze mijn carrière een boost hebben gegeven. Waarschijnlijk zat dat niet eens in hun planning, hebben ze niet eens vermoed dat ik er werkelijk voor zou gaan en er nog zou in slagen ook.

Financieel heb ik Simon straks echt niet meer nodig als dit zo'n succes wordt als me hier langs alle kanten in de oren wordt gefluisterd.
Financieel niet, emotioneel dat is wat anders. Maar nu niet aan denken, Sara. Eerst de zaken en dan de rest. Ik heb vandaag nog een andere afspraak, namelijk die met een fabrikant met wie ik eventueel in zee zou kunnen gaan.

30 MAART 17 UUR 15

Ronduit impressionant was de fabriek die ik vandaag heb bezocht. Als mijn hoeden daar gefabriceerd zullen worden, dan is het alleszins gedaan met de kleinschaligheid, maar weet ik ook dat ze met heel veel aandacht voor precisie zullen worden gemaakt en dat is voor mij een zeer belangrijk iets. Kwaliteit blijft het hoogst op mijn verlanglijstje staan. Als mensen betalen voor iets wat mijn naam draagt, dan wil ik daar ook echt trots op kunnen zijn. Dan wil ik dat de hoeden jarenlang meegaan en dat mensen niet na een paar weken moeten constateren dat de naden loskomen of de accescoires toch niet zo goed gehecht zijn. Ja, ik zal er als een moederkloek op toezien dat met de details rekening wordt gehouden, zo ben ik wel.

Dat maakt me trouwens duidelijk dat ik vaker naar Londen zal moeten afreizen als iets van al deze beloftes waarheid wordt. Misschien wordt dit wel mijn tweede thuis. Of misschien vestig ik me hier wel definitief. Ik kan hier een filiaal van Présence openen en me vooral concentreren op mijn hoedenlijn. Is dat niet het verstandigste wat je kan doen na een scheiding? Van omgeving veranderen zodat je niet overal en altijd met de herinneringen aan je ex geconfronteerd wordt?
Ja, zo ver ben ik al dat ik aan een scheiding denk. Hard, bikkelhard, maar realistisch als mijn vermoedens bewaarheid worden. Dit zou dé druppel zijn. Simon heeft me al eerder teleurgesteld en toen is het me gelukt om hem te vergeven, maar dit zou een brug te ver zijn. Hier komt hij niet mee weg, ook niet bij mij, bij de vrouw die hem zo graag ziet.
Maar vertrekken uit Antwerpen? Nog niet zo lang geleden heb ik geschreven dat ik dat nooit wilde, dat ik nergens ooit zo gelukkig zou worden. Waarschijnlijk is dat ook wel zo.

Terug naar de fabriek. Het was een plezier om er rond te wandelen en de productie te kunnen volgen. Ik heb het altijd leuk gevonden om fabrieken te bezoeken, als kind al. Als er op school een uitstap gepland stond naar de koekjesfabriek of de suikerfabriek in Tienen, dan kon ik daar wekenlang naar uitkijken. Bosklassen en zeeklassen met al die wilde spelletjes waren niet aan mij besteed maar bedrijfsbezoeken vond ik geweldig.
Er komt, in de hoedenfabriek, ook best nog wel wat handwerk aan te pas en dat verheugde me om te zien.

Echt, ik heb genoten van de middag, zalig gewoon. Ik begin me hier meer en meer als een vis in het water te voelen.

30 MAART 21 UUR 40

"Schat, wat ben ik blij je eindelijk te horen. Je bent blijkbaar wel erg druk daar in Londen. Ik hoor nauwelijks wat van jou. Geen verwijt hoor, ik weet hoe dat gaat als je in het buitenland bent. Elke vrije moment wordt ingevuld met afspraken en iedereen wil je nog wel even spreken. Ik ben zo ongelooflijk trots op jou. Ik wist dat je het in je had, dat je het kon en je hebt het ook maar mooi gedaan. Helemaal alleen al die Engelsen inpakken met je hoedjes. Hoe cool is dat, Sara."
Hij klonk zo opgewekt en oprecht blij dat ik alleen maar

wenste dat hij bij me was om me in zijn armen te nemen. Ik wil niet aan Simon denken met die del bij hem. Los van alles wat er tussen ons is, heb ik nooit gevonden dat zij bij hem past. Brenda is een bitch. Dat is ze altijd geweest en dat zal ze ook altijd blijven. Als ik hen vroeger samen zag, dan kreeg ik daar al de kriebels van. Stel je voor dat ik haar nu in zijn nabijheid zou aantreffen. Simon is van mij, Brenda, van mij en van mij alleen.

Hoe haalde ik het eigenlijk in mijn hoofd om haar zomaar carte blanche te geven? Hoe langer ik in Londen blijf, hoe groter haar kans om Simon in te palmen. Ik mag haar die kans niet geven, dat heb ik zelf in de hand. Ik ga terug naar huis. Ik neem de eerste Eurostar die ik kan vinden en ga naar huis om, als dat nodig is, voor hem te vechten.
"Ik weet niet of ik hier nog wel langer wil blijven, Simon" zei ik door de telefoon. "Ik wil bij jou en bij Sen zijn."
Zijn reactie kwam er snel, veel te snel naar mijn zin.

"Maar, lieve schat, doe niet zo gek. Ik mis je natuurlijk ook, maar Sen en ik lopen niet weg. Je moet het ijzer smeden nu het heet is. Je bent super goed bezig en Sen en ik hebben het hier ook goed samen. Mannen onder elkaar, je weet hoe dat gaat. Voetjes omhoog en een fris biertje erbij met een actiefilm. Zo brengen wij onze avonden samen door."

Grappig bedoeld, maar ik kon er nauwelijks om lachen.

Simon wil me maar wat graag hier houden, zoveel is duidelijk. Hij is trots op mij en dat is natuurlijk allemaal leuk, maar ik wil alleen maar dat hij me graag ziet, met hart en ziel.

Dat zei hij ook nog voor hij inhaakte.
"Ik zie je graag, lieve schat. Ik kan niet wachten tot ik je weer in mijn armen heb, maar ik wil dat je nu voor jezelf gaat. Je hoedjes verdienen al die aandacht en jij nog meer. Je bent mijn eigen kanjer, altijd al geweest."

Hij klonk zo oprecht dat het me moeite kostte om hem niet te geloven. Meteen na het gesprek ben ik in tranen uitgebarsten.

Simon, Simon. Ik mis je. Nee, ik ga nog niet terug. Ik kan het niet aan. Ik wil bij hem zijn, maar ik ben bang voor wat ik daar thuis aan ga treffen. Ik wil hem niet zien met haar, in geen geval. Liever blijf ik nog hier, onwetend en met een sprankeltje hoop dan dat ik daar thuis al mijn dromen aan stukken zie vallen.

31 MAART 9 UUR

Ik heb hier alweer een bijzonder drukke dag voor de boeg. Ik ga nog met een paar fabrikanten praten, want hoewel de fabriek van gisteren me behoorlijk indrukwekkend leek, moet ik natuurlijk niet over één nacht ijs gaan. Wie weet kan ik, voor dezelfde kwaliteit, nog betere voorwaarden krijgen. Dat moet ik in elk geval allemaal onderzoeken. En ik heb nog een paar afspraken met enkele modetijdschriften die ook iets met me willen doen, straks reclame maken als de lijn hier gelanceerd is bijvoorbeeld.

Het is ongelooflijk hoe alles hier van het ene in het andere overgaat. Ik weet niet meer waar ik eerst moet zijn en met wie ik eerst moet praten. Het is te gek voor woorden. Iedereen trekt hier aan mijn mouw en ik lijk hier plots een *hot item*. Gekke Londenaars. Alsof ze nog nooit een vrouw hebben gezien die hoedjes maakt ☺. Nu ja, ik zal maar niet klagen zeker. Het is gewoon allemaal leuk wat me hier overvalt en het drukke schema helpt me om mijn zorgen te vergeten of in elk geval een beetje van me af te schuiven.

Ik weet nog niet wat ik in het weekend ga doen. Technisch gezien zou ik gemakkelijk over en weer kunnen sporen tussen Londen en Antwerpen, maar ik weet niet of dat wel verstandig is. Als ik hier eenmaal vertrek, kom ik dan nog wel terug? Nu zit ik in de flow van het moment, maar eenmaal terug thuis zal ik niet gauw meer te overtuigen zijn van te vertrekken, zo goed ken ik mezelf wel. Trouwens, als ik thuis merk dat er echt iets aan de hand is met Simon en Brenda, dan zou ik wel gek zijn om weer te vertrekken. Hier kan ik het nog ontkennen, daar word ik er misschien met mijn neus bovenop geduwd. En Sen? Als ik Sen terugzie, kan ik hem dan meteen alweer terug achterlaten? Zal hij me nog wel willen laten gaan?

Een weekend hier alleen op een hotelkamer trekt me nu ook weer niet aan, maar misschien moet ik toch maar even door de zure appel heen bijten. Me sterker tonen dan zij en terug thuiskomen als de grote triomfator. Daar zou die Brenda nog wel eens van op haar neus kunnen kijken, want ze heeft het tenslotte ook nog niet verder weten te schoppen dan jarenlang artikels schrijven voor datzelfde modetijdschrift, toch? Straks moet ze misschien afspraken maken met mijn persoonlijke manager als ze een interview met me wil. Haha.

Nee, ik moet blijven. Misschien komt er nog wel iets van een afspraak uit de lucht vallen voor dit weekend. Simon moet maar even voelen dat hij me mist en dat ik niet terug naar huis kom rennen uit gemis. Sen die redt het ook nog wel even zonder mij. Daar wordt hij groot en sterk van zullen we maar denken. Ik kan hem toch niet altijd aan mijn rokken binden.

31 MAART 14 UUR 20

Ik liep net toevallig Jason tegen het lijf en ik ging bijna in op zijn aanbod om vanavond samen uit eten te gaan. Ik heb

nee gezegd, maar het feit dat ik even in de verleiding kwam om ja te zeggen, vertelt wel veel over mijn gemoedstoestand, niet? Alle uitnodigingen wil ik aanvaarden om maar niet te moeten nadenken. Komaan, Sara, uit eten met Jason? Je weet wel beter.
Ja, natuurlijk weet ik beter. Ik weet wat Jason van plan is als hij me mee uitneemt. Ik weet wat hij van mij verlangt. Het feit dat ik hem vorige keer heb afgewezen, heeft hem duidelijk niet ontmoedigd of was juist een stimulans om het nog eens te proberen. Ik weet dat hij opnieuw zijn kans zal wagen. Hij wil het niet alleen bij eten houden als ik ja zeg op zijn uitnodiging. Hij wil me nog een keer proberen te kussen en dit keer zal hij zich niet zo snel meer laten wegsturen. Als ik met hem meega, dan geef ik daar ook aanleiding toe natuurlijk. Nee, nee, nee en nog eens nee.

Hoe diep ben ik gezakt? Zo diep als Simon? Verlaag ik me stilaan tot zijn niveau? Dat zou ik pas erg vinden. Ik ben nooit een bedrieger geweest en ik wil het ook niet worden. Zelfs niet onder deze omstandigheden. Die korte aarzeling daar heb ik mezelf mee geschokt. Ik heb me gelukkig nog snel genoeg herpakt en ik hoop nu maar dat Jason de boodschap eindelijk heeft begrepen.

Ik eet vanavond wel hier in het hotel en morgen wandel ik een beetje door de stad. Ik kijk er tegenop, tegen het weekend, maar ik moet er doorheen en het zal me lukken ook. Ik heb al veel watertjes doorzwommen die dieper en angstaanjagender waren dan deze. Ik stel mezelf dus gerust: over deze plas kom ik ook weer overheen.

31 MAART 22 UUR 40

Ik heb me zelden zo eenzaam gevoeld als toen ik in dat prachtige restaurant beneden zat te eten. Het eten was lekker en exclusief en toch smaakte het me niet zoals het me hoorde te smaken. Ik voelde me verschrikkelijk tussen al die andere mensen waarvan niemand alleen aan een tafeltje zat. Door de week heb je hier veel zakenmensen, maar vandaag lijken er een heleboel koppels gearriveerd die Londen willen ontdekken.

Hun vrolijkheid gaf me een steek recht in het hart. Daar zat ik, alleen, mijn ziel onder de arm. Me vertwijfeld afvragend hoe het nu verder moet met mij, met ons. Zal ik vanaf nu altijd alleen aan een tafeltje zitten of, in het beste geval, met Sen erbij? Stel je voor dat Simon echt iets met Brenda begint en dat ik onze jongen om de week naar haar moet zien vertrekken. Ik mag er niet aan denken dat zij voor een deel mee in zal staan voor zijn opvoeding. Hoe zal dat Sen beïnvloeden en hoe overleef ik die weken zonder hem, week na week, maand na maand en jaar na jaar?

Ik was zo blij toen ik terug op mijn kamer was. Blij omdat ik niet meer hoefde te doen alsof. Ik kon die fake glimlach van mijn mond vegen en ik moest al die koppeltjes niet meer onder ogen zien. Maar mijn blijdschap was maar voor eventjes, want al snel kwamen de tranen. Die tranen stroomden en stroomden. Ik kan mezelf nog zo vaak wijsmaken dat ik boos ben op Simon, dat ik hem haat en dat ik hem het liefst nooit meer wil zien. Het is allemaal gelogen. Ik hou van mijn man. Ik hou van hem met hart en ziel. Ondanks alles wat hij me aandoet en wat we al hebben doorstaan, hou ik van hem, zelfs meer en meer. Ik kan hem niet missen, ik wil niet verder zonder hem. Ik wil bij dat hij me graag ziet, dat hij die del van een Brenda een schop onder haar dikke kont geeft en haar duidelijk maakt dat ze hem voorgoed met rust moet laten omdat er maar één vrouw voor hem bestaat. Waarom kan hij dat niet? Waarom kan hij geen genoegen nemen met onze liefde? Heeft hij die bevestiging van andere vrouwen dan zo nodig om hem ervan te overtuigen dat hij de moeite waard is? Is het niet genoeg als ik hem dat keer op keer zeg en laat voelen?

De opluchting maakt weer plaats voor diep verdriet. Ik voel de tranen stromen over mijn wangen, ze druppen op mijn dagboek en ik probeer er tegen te vechten, maar ik kan ze niet stoppen. Dit verdriet overspoelt me.

Simon zit in elke vezel van mijn lijf, hij is de spil van mijn leven. Maar zie ik hem graag genoeg om hem met iemand te delen? Om hem zijn pleziertjes te gunnen? Nee, in zo'n soort relatie heb ik nooit geloofd. Je bent er exclusief voor elkaar of helemaal niet. Hoe graag ik Simon ook zie, zijn liefde voor mij moet onvoorwaardelijk zijn of het is voorbij.

1 APRIL 10 UUR 10

Een grappige dag hoort dit te zijn. 1 april! Zal Simon me straks bellen om me te vertellen dat het allemaal een grote grap is geweest, dat hij helemaal niets met Brenda heeft. Dat hij haar nooit meer wil zien? Of zullen de contacten in Londen me vertellen dat het allemaal een grote mop was, een opgezet spel? Komen Simon en Brenda me straks in het gezicht uitlachen omdat ik zo naïef was van het allemaal te geloven?

1 April gebruikten we vroeger om elkaar met fake berichtjes een opdracht te laten uitvoeren, maar ik weet niet of het in deze tijd nog zo'n populair gebruik is. Vandaag doe ik er in elk geval niet aan mee.

Nee, dit wordt een dag als alle anderen. Deze dag wordt even triest en troosteloos als gisteren. Terwijl ik de grootste zakelijke deals uit mijn leven kan sluiten, voel ik me slechter dan ooit. Ik zit in een wereldstad en die stad ligt op professioneel vlak aan mijn voeten, maar ik kan er hoegenaamd niet blij om zijn. Ik haat mezelf en ik haat Simon. Ik mis hier zoveel, ik voel me verlaten. Ik wil Sen in mijn armen sluiten en ik wil met ons vake praten. Ik wil vake vertellen over mijn pijn omdat hij me zal begrijpen en me zal troosten. Maar ik wil hem ook vertellen over de pijn van Lut. Ik wil dat koppel weer gelukkig zien. Wat met mij en Simon niet lukt, moet hen wel lukken. Zij moeten ervoor gaan. De liefde tussen vake en Lut die is tenminste wel oprecht.

1 APRIL 11 UUR 15

Telefoon van de receptie. Er is een man die me dringend wenst te spreken. Is dat een misplaatste grap? Welke man zou me hier in Londen, op een zaterdag dringend willen spreken? De enige aan wie ik kan denken, is Jason en hij bekijkt het maar. Ik ga niet naar beneden. Hij moet maar eens eindelijk beseffen dat ik niet beschikbaar ben, stuk onbenul.

"Zeg dat ik net ben vertrokken," geef ik de bediende mee. "De man die aan je balie staat, is een stalker. Ik dacht dat hij me hier niet zou vinden."
Ik haak in en hoop dat de bediende mijn boodschap daadwerkelijk heeft doorgegeven. Het lijkt er alleszins wel op. Ik hoor niets meer.

Sommige mannen weten duidelijk niet van ophouden. Als ik Jason nog hoor en hij was de man aan de balie, dan kan hij het zakelijk in elk geval al vergeten. Ik werk niet samen met mensen die geen nee aanvaarden.

Of doen ze hier toch aan aprilgrappen en was dit een van die misplaatste exemplaren?

1 APRIL 12 UUR 20

Jason heeft me net gebeld. Hij stond dus wel degelijk bij de balie.
"Sorry, Sara, maar ik kan je niet uit mijn hoofd zetten. Ik vind je zo bijzonder. Ga toch met me mee. Laat ons samen van de dag genieten en dan zien we wel wat er gebeurt. Ik weet dat jij je man niet wilt bedriegen en dat zal ik respecteren, maar geef me tenminste de kans om je beter te leren kennen."
Ik dacht het niet.

"Jason, ik zou het op prijs stellen als je me niet meer lastig viel. Ook professioneel kunnen we maar beter niet met elkaar samenwerken."
Dat laatste begreep hij dus al helemaal niet. Kon ik werk en privé dan niet van elkaar gescheiden houden?
"Ik wel, maar jij blijkbaar niet," heb ik hem gezegd en ik heb

ingehaakt. Hopelijk heeft hij het nu eindelijk wel begrepen en hoor ik niets meer van hem.

1 APRIL 20 UUR 15

Na het telefoontje van Jason had ik helemaal nood aan ontspanning met iemand bij wie ik me goed voel en ik ben vanmiddag met Mary op stap geweest. Ik heb haar gebeld omdat ik het echt niet zag zitten om hier nog langer alleen te zijn. Ik piekerde me suf en ik huilde alleen maar. Bovendien had het bezoek van Jason en zijn telefoontje me best wat uit mijn lood geslagen. Ik had iemand nodig om de dag mee door te brengen en de enige die ik kon bedenken, was Mary. Zij was meteen bereid om me op te pikken en ze heeft me een luisterend oor geboden.

Ik had het niet zo gepland dat ik mijn leven aan haar bloot zou geven, maar het gebeurde gewoon toen ze vroeg of alles wel goed met me ging en me eerlijk bekende dat ik er niet bepaald gelukkig uit zag, ondanks alle goede vooruitzichten.

Het gesprek luchtte me op, vooral toen ze zei: "Brenda, ik ken haar. Ik moet zeggen: ik vind haar niet bepaald aardig."

Op zich word ik daar natuurlijk niet beter van, maar het helpt om wat begrip te voelen. Ik heb er dan maar meteen alles uitgegooid. Over het begin van mijn relatie met Simon, over de breuk, over Sen, over de reactie van Simon op zijn ziekte en

over vandaag.
Niet slim om zo open en eerlijk te zijn tegen een zakenrelatie die ik nauwelijks ken, dat besef ik ook wel, maar het moest er gewoon allemaal een keer uit. Ik moest er met iemand over kunnen praten en Mary is lief en vol begrip.

"Je verhaal is veilig bij mij, Sara," zei ze en ik geloof haar op haar woord. Mary is geen harde zakentante en zeker geen Brenda. Ze heeft me vanmiddag meegenomen naar haar gezellige huis net buiten Londen en ik heb er kennisgemaakt met haar man en kinderen. Wat een zalig gezinnetje is dat.
"Geloof me, we hebben ook onze problemen gehad," vertrouwde ze me toe toen haar man even de deur uit was. "Maar als de liefde groot genoeg is, dan kom je er altijd sterker uit."

We hebben samen gekookt en samen gegeten en ik voelde me weer helemaal opleven. Mary heeft gelijk. Ik mag Brenda niet zomaar mijn man laten inpikken. Ik ben zijn vrouw, zij heeft geen enkel recht om bij hem te zijn en dat moet ik haar ook duidelijk maken.
"Ga naar huis, zo snel mogelijk," zei Mary. "Zaken zijn nu even van ondergeschikt belang en door je hier te blijven verstoppen ga je niets oplossen. Je zakt alleen maar dieper weg in je verdriet en eenzaamheid. Verdere afspraken voor de hoedenlijn kan je ook via mail en Skype maken. Als de heren die je tot nog toe hebt gesproken je echt willen lanceren hier in Londen dan komen ze zelf met plezier wel een keer naar Antwerpen."

En daarmee is mijn besluit genomen. Ik vertrek maandag, met de eerste beschikbare Eurostar, weer naar huis. Wat zit ik hier inderdaad nog te doen? Ik verstop me in een hotel, in een stad, waar ik niemand ken en daar word ik niet bepaald gelukkiger van. Ik moet de koe bij de horens vatten. Hoe dan ook, aan deze situatie moet een einde komen en dat kan alleen als ik Simon er eerlijk mee confronteer.
Wat ben ik blij dat ik Mary in vertrouwen heb genomen. Dankzij haar kan ik alles weer een beetje in proporties zien en weet ik wat me te doen staat. Ik ben haar heel erg dankbaar.

2 APRIL 10 UUR 20

Ik heb eindelijk weer eens wat beter geslapen en ik was nauwelijks wakker of ik kreeg al een telefoon van Mary om me te vragen hoe het met me ging en of ik al een ticket voor de trein had weten te bemachtigen, want anders kende zij nog wel een paar kanalen. Wat een schat van een vrouw. Wat een zegen dat ik haar heb leren kennen. Ik denk dat we dit weekend de fundamenten hebben gelegd voor een vriendschap voor het leven.

Ik heb met haar afgesproken dat ik Simon niet ga vertellen dat ik naar huis kom.
"Je moet hem verrassen," zei ze. "Je hebt twee mogelijkheden: of hij is super blij om je te zien en vindt hij het geweldig dat je

onverwacht weer thuis staat. Of hij schrikt zich rot omdat je er zo onverwacht weer bent en dan weet je ook waar je aan toe bent. Vervolgens is het aan jou om voor hem te vechten, Sara. Uit je verhalen heb ik begrepen dat je dat al vaker en met succes hebt gedaan. Je kan het dus en hij is het waard. Jullie liefde is het waard. Jij houdt van hem en hij houdt van jou. Ik voel het aan alles wat je zegt en doet. Jij hebt zoveel meer pijlen op je boog dan die Brenda. Jullie hebben samen een zoon, een huis, een zaak. Dat gaat Simon niet allemaal opgeven voor iemand voor wie hij vroeger ook al had kunnen kiezen. Hij heeft destijds voor jou gekozen, Sara en je moet ervoor zorgen dat hij dat ook nu weer doet. Je bent kwaad op hem, maar boven alles wil je bij hem blijven. Zo is het toch?"

Zo is het inderdaad. Goh, dat iemand die me nauwelijks kent me zo weet te doorgronden. Mijn liefde voor Simon moet wel heel duidelijk voelbaar zijn, zelfs voor iemand die me amper kent.

Ik ben alleszins heel blij dat ik gisteren het lef heb gehad om Mary te bellen en dat ik heb besloten om haar alles te vertellen. Het voelt nu veel beter in mijn hart en in mijn hoofd. Ik zie alles weer in het juiste perspectief. Ook al heeft Brenda haar klauwen in Simon geslagen, ik ga voor hem vechten. Hij is mijn man en degene die ik met hart en ziel graag zie. Ik ga ervoor zorgen dat Simon weer voluit voor mij kiest, ook al is hij misschien even gevallen voor de charmes van Brenda. Ik zal het hem vergeven. Mary heeft gelijk, onze liefde is het waard. Simon is het waard, ik ben het waard en Sen is het waard. Ik heb veel meer achter de hand dan Brenda en ik zal haar te lijf gaan met alle wapens van de liefde die ik ter beschikking heb.

2 APRIL 15 UUR 15

Wat is dit toch een mooie stad en wat ben ik blij dat ik deze mooie stad beter heb leren kennen. Ik ben hier graag en als alles straks weer goed is tussen Simon en mij dan wil ik hier graag terug met hem naar toe én naar het kasteel, zodat ik hem kan laten zien waar ik mijn grote succes heb geboekt en waar ik me een paar nachten een prinses in een vorstelijke omgeving heb gevoeld.

Of het verder wat wordt met mijn hoedenlijn dat valt nog af te wachten. Het enthousiasme is er hier, maar ik weet niet of ik daar wil voor gaan. Ik ben nu amper een paar dagen van huis weg en er duiken al complicaties op. Als de deals die hier besproken zijn doorgaan, dan zal ik nog veel vaker van huis weg zijn en zullen er misschien nog meer complicaties komen. Daar pas ik voor, dan maar geen hoedencollectie in Londen. Présence heeft het extra werk niet bepaald nodig en ik heb het ook druk genoeg zoals het is. Het enige wat gestreeld zou worden, is mijn ego en dat is nu ook al gebeurd. Weten dat het zou kunnen en dat het enthousiasme er is, is al meer dan genoeg voor mij. Als het erop aan komt, kies ik toch voor mijn privéleven en voor ons gezin, altijd en onder alle omstandigheden.

Je kan je misschien afvragen wat een relatie waard is als ze de afstand niet kan overleven, maar dat soort vragen wil ik me nu niet stellen. Ik wil gelukkig zijn met mijn man en mijn zoon en tenminste weten dat ik er alles aan gedaan heb om dat geluk te koesteren en te beschermen.

Ik heb vandaag nog wat cadeautjes gescoord. Een mooie Engelse beer voor Sen en een paar speciale miniatuurautootjes. Een prachtige das voor Simon die mooi zal passen bij zijn nieuwste pak. Ja, ik heb voor Simon een cadeautje gekocht, want ik heb er weer alle vertrouwen in dat het goed komt tussen ons en dat mijn schat dat cadeautje heeft verdiend. Er is misschien helemaal niets aan de hand en zelfs als hij even in de verleiding is gekomen, dan nog zal ik hem niet zomaar de deur wijzen. Ik kan hem niet missen, maar hij kan mij ook niet missen, daar ben ik vast van overtuigd. Daar wil ik mezelf van overtuigen, altijd.

Voor ons vake en Lut heb ik twee mooie glazen gekocht. Op elk glas staat een stukje tekst dat aansluit bij het vorige glas. Om en om moet je een zinnetje lezen om een mooie spreuk over liefde en geluk te bekomen. Een beetje een symbolisch cadeau. Ik wil dat ze samen blijven en samen de glazen gebruiken. Als de glazen gescheiden worden, dan is de tekst in zijn geheel niet langer leesbaar en zal er altijd iets ontbreken. Mooi toch. Misschien had ik voor Simon en mij ook nog zo'n duo mee moeten nemen.

3 APRIL 11 UUR

Ik heb afscheid genomen van het mooie Londen en zit weer op de Eurostar richting Brussel. Van daaruit zal ik de trein naar Antwerpen nemen en dan met de bus naar huis. Een lange reis, maar ik ben er klaar voor. Ik verheug me nu al op het verbaasde gezicht van Simon als ik straks in zijn kantoor sta.
Ik wil er zelfs niet aan denken dat hij daar niet alleen zal zijn, dat die Brenda misschien bij hem is. Ik moet dat doembeeld van me afzetten. Simon ziet me graag en hij wil me ook niet meer kwijt. Daar moet ik in blijven geloven. Hij heeft vast een goede verklaring voor dat verhaal over de hoedjes en waarom hij me niet verteld heeft dat hij die in Londen heeft aangeprijsd.

Hij zal zo blij zijn als hij ziet wie er in de deuropening staat. Ik weet zeker dat hij blij zal zijn.

3 APRIL 13 UUR 10

Ik zit nu op de trein richting Antwerpen en ik heb het gevoel

alsof mijn stemming net zo hobbelend en bobbelend op en neer gaat als deze trein. Was ik daarstraks nog vol zelfvertrouwen over Simon en de manier waarop hij me thuis gaat ontvangen, nu slaat de twijfel weer volop toe.
Het is toch niet normaal dat hij me zijn contacten met Brenda en hun gezamenlijke contacten in Londen verzwegen heeft. Het is niet normaal dat hij me laat vertrekken in de veronderstelling dat ik het allemaal zelf heb geregeld terwijl dat helemaal niet zo is. Hij heeft me belogen, maar dé vraag is: heeft hij me ook bedrogen? Als dat zo is, kan ik hem dan echt vergeven? Mijn liefde is groot, dat is al meermaals gebleken, maar is ze groot genoeg om keer op keer opnieuw te beginnen, nieuwe beloftes te aanhoren en ze even vaak weer te zien kapotspatten?

Wat als miss rode lipstick straks toch bij hem is in zijn kantoor of als ik bij ons thuis sporen van haar aanwezigheid vind? Stel dat ze al die tijd bij ons heeft ingewoond, dat ze stiekem langskwam als Sen sliep. Stel dat haar spullen er nog ergens liggen en ik die vind. Kan ik dat aan? Zal ik instorten? Mag ik mezelf dat aandoen? Kan ik dat risico lopen?

Had ik Simon toch niet beter eerst gebeld zodat hij tenminste de schijn had kunnen ophouden? Wat niet weet, niet deert, toch?
Kan ik hem dit keer weer vergeven als hij over de schreef is gegaan? Kan ik nog een keer over mijn hart strijken en op-

nieuw gelukkig met hem worden? Ook mijn geduld is niet eindeloos.

Ik probeer me op te trekken aan de woorden van Mary. Jullie liefde is het waard. Simon is het waard. Het komt goed, overal gaat het al een keer slecht.
Maar wat me een paar dagen geleden nog geweldige woorden leken vol boodschappen van vertrouwen, kan me nu nog nauwelijks oppeppen. Mary kent Simon niet. Zij weet niet hoeveel aandacht hij zijn hele leven van de vrouwen heeft gekregen en hoe hij daar maar al te vaak misbruik van heeft gemaakt. Ik heb het haar proberen te vertellen, maar de ware impact kan ze op zo'n korte tijd niet kennen. Zij weet niet of mijn man misschien toch in zijn oude gewoontes is hervallen. Verliest een oude vos ooit zijn streken? Ik blijf mezelf bestoken met vragen waar ik niet wijzer van word en waar ik zelf geen sluitend antwoord op kan geven. Ik kan alleen maar hopen en afwachten.

Met elk station dat ik dichter bij mijn thuisbasis kom, groeit mijn angst. Zenuwen gieren me door de keel. Ik ga eerst naar huis om mijn koffer weg te zetten en de auto te nemen. Ook nog eens het openbaar vervoer nemen richting Présence is een beetje van het goede te veel. En als ik eerst thuis kom, dan kan ik daar al zien of er tekenen zijn die me een reden tot onrust geven. Ik ben bang om mijn eigen huis binnen te gaan, maar ik moet het doen.

Ik vouw mijn handen en bid in stilte. Voor het eerst in lange tijd prevel ik een gebed. Ik heb steun nodig. Ik heb het vertrouwen nodig dat alles weer goed komt. Misschien hoort ons moeke me wel. Als ze me hoort, dan zal ze me helpen. Ze zal me de hand reiken en ervoor zorgen dat alles weer goed komt. In ons moeke heb ik alle vertrouwen. Het is alleen dat ik niet met zekerheid weet of ze me ergens kan horen. Ik maak het mezelf graag wijs, als troost. Als er toch meer is tussen hemel en aarde dan wij kunnen zien of bewijzen, dan stel ik daarop nu al mijn hoop. Lieve moeke, help me. Maak me weer gelukkig.

3 APRIL 14 UUR 20

Hier thuis lijkt er alleszins geen vuiltje aan de lucht. Het is duidelijk te zien dat de poetsvrouw al een paar dagen niet meer is langsgeweest en dat er twee mannen in dit huis wonen. Het is een behoorlijk rommeltje in onze woonkamer. Mijn twee mannen hebben duidelijk samen in het grote bed geslapen. Ze hebben nog niet de moeite genomen om het op te dekken en de knuffels van Sen liggen over het hele bed verspreid. Zijn pyama ligt binnenstebuiten op het dekbed. Een grote colavlek ontsiert het onderlaken en er liggen chipskruimels aan mijn kant. Ze hebben het er goed van gepakt die twee. Maar liever dit dan een huis waarin ik vrouwenparfum zou ruiken of misschien zelfs vrouwelijke attributen terug zou vinden. Die kruimels zuig ik wel op, het laken is zo gewassen en de ongezonde gewoontes kunnen voor even geen kwaad. Er zijn veel ergere dingen in dit leven.

Ik spring nu in mijn auto en rijd naar Présence waar ik hopelijk een blij verraste Simon aan zal aantreffen. Ik kan ook haast niet wachten om Sen straks terug te zien. Ik ga hem een hele avond knuffelen, die geweldige jongen van mij.

3 APRIL 15 UUR 15

Simon is er niet. Hij is niet op kantoor en niemand weet waar hij is. Ik had me van alles in het hoofd gehaald, maar met dit scenario had ik geen rekening gehouden. Hij is er niet.
"Hij is hier de hele dag niet geweest," wist Britt me te vertellen. "Hij heeft laten weten dat hij vandaag en morgen niet komt, maar hij heeft er niet bij gezegd waar hij naartoe is. Alleszins niet naar klanten of leveranciers, want dan had ik dat geweten. Vreemd hé."

Ze keek er weer zo giftig bij dat ik haar intenties meteen doorzag. Ze vindt het vreemd maar vooral leuk dat Simon weg is en dat ik ook niet schijn te weten waar naartoe. Wat een verdorven geest moet een mens toch hebben om zich keer op keer te verkneukelen in het ongeluk van anderen. In het geval van Britt dan vooral in het ongeluk van mij. Ze heeft me Simon nooit gegund. Zelfs niet toen duidelijk werd dat haar beste vriendin Helena gelukkig was met iemand anders. Het gaat Britt ook niet om Helena, het gaat haar om mij. Maar goed, misschien kan ik nu misbruik maken van die situatie. Zou ik haar misschien iets over Brenda kunnen vragen? Zou dat verstandig zijn? Verstandig alleszins niet, maar misschien wel lucratief. Als iemand zou weten én me ook zou vertellen dat Brenda is langsgeweest, dan zou het Britt wel zijn. Met plezier zou ze mijn hart breken door me in geuren en kleuren te vertellen hoe innig die twee weer met elkaar om gaan.

Maar ik vraag het haar niet. Ik krijg de vraag gewoon niet over mijn lippen. Enerzijds omdat ik haar niet nog meer wil zien glunderen omwille van mijn ongeluk en anderzijds omdat ik bang ben voor haar antwoord. Trouwens, als Brenda hier meermaals zou geweest zijn en er valt iets te vertellen, dan zal Britt dat ook spontaan wel doen. Ze is niet het type dat zwijgt om mij te sparen, wel integendeel.

"Nog iets speciaals gebeurd tijdens mijn afwezigheid?" geef ik toch een kleine voorzet.
Britt schudt het hoofd.
"Even saai als altijd."
Goed, een mooier antwoord had ze me niet kunnen geven.

Ik heb Helena opgezocht en zij schijnt ook nergens van te

weten. Zelfs Lieven zegt dat hij niet op de hoogte is van waar Simon op dit moment is en hij schijnt het ook echt te menen. Ik ben niet gauw geneigd om Lieven, in gevallen als deze, op zijn woord te geloven, maar nu wel. Hij lijkt me oprecht.

Zouden vake en Lut iets weten? Ik zal zo meteen bij hen langsgaan.

3 APRIL 16 UUR

Ik ben niet regelrecht van kantoor naar vake en Lut gereden. Ik ben naar de redactie gereden waar Brenda werkt. Ze was er. Ze zat achter haar bureau.

"Sara, wat fijn je weer eens te zien. Hoe was Londen? Ik heb gehoord van je show daar. Geweldig."
Ik negeerde haar opmerkingen, net als haar vragen. Ik was alleszins blij dat ze op kantoor was en niet bij Simon. Dat was wat ik wilde zien, dat zij en Simon op dit eigenste moment niet samen waren.
"Ik heb geen idee waar Simon is," zei ze toen ik haar ernaar vroeg. "Hoe zou ik dat trouwens moeten weten? Had hij gezegd dat hij bij mij was misschien?"
Hoorde ik iets van hoop in haar stem? Ik wil er niet bij stilstaan. Ze weet niet waar Simon is en ze is niet bij hem. Meer

hoef ik voorlopig niet te weten.
“Ik vind hem wel,” heb ik nog gemompeld en ik ben vertrokken. Ik weet niet hoe ze mijn bezoek heeft geïnterpreteerd, het interesseert me ook niet. Het gaat om mij en Simon, niet om haar.

3 APRIL 17 UUR 30

“Papa is met de trein naar jou,” zei Sen toen ik eindelijk bij vake en Lut aankwam en mijn kleine jongen in de armen kon sluiten. Hij was zo blij om mij te zien. De auto’s en de beer, daar was hij ook gelukkig mee, maar niet half zo gelukkig als met mijn terugkeer. Ik was zo ontroerd dat ik een traantje heb weggepinkt. En dan zijn melding: “papa is met de trein naar jou.”

Het duurde even eer die woorden goed tot me doordrongen. Wat bedoelde Sen? Wist Simon dan toch dat ik naar huis kwam en ging hij me ophalen in Brussel? Nee, dat was het niet.

Simon is dus met de Eurostar vertrokken naar Londen terwijl ik vanuit Londen met de Eurostar vertrokken was naar hem. Hoe onvoorstelbaar is dat? Dat had ik dus nooit verwacht. Misschien zijn we elkaar onderweg gewoon voorbijgereden. Het zou bijna hilarisch kunnen zijn als ik me niet tegelijk ook al zorgen begon te maken. Want, wat doet Simon in Londen? Waarom is hij naar me toe gereden zonder me daarvan te verwittigen?

"Hij wilde je waarschijnlijk zien," zei ons vake. "Je bent ook veel langer weggebleven dan oorspronkelijk de bedoeling was. Vertel, hoe is het geweest? Vertel, Saraatje, ik ben nieuwsgierig. Hoe hebben ze je daar ontvangen? Hoe was het kasteel?" Ik heb ons vake maar een heel beknopt verslag gegeven. Ik had er geen zin in. Ik zat met te veel vragen. Als Simon al het werk laat voor wat het is en mij achterna spoort naar Londen is dat dan goed nieuws in de gegeven omstandigheden? Ik hoop en bid natuurlijk van wel, maar het kan ook slecht nieuws betekenen. Misschien wilde hij me persoonlijk komen vertellen dat hij iets gehad heeft met Brenda. Misschien knaagde het schuldgevoel en wilde hij het zo snel mogelijk uitgesproken hebben. Dat Brenda daarstraks zogenaamd uit de lucht kwam vallen, daar moet ik niet te veel aandacht aan besteden. Dat mens kan liegen als de beste, net zoals Lieven die misschien ook wel degelijk overal van op de hoogte is al doet hij alsof zijn neus bloedt. Het zou de eerste keer niet zijn dat hij me, samen met Simon, om de tuin leidt. Meesterlijk waren ze daarin die twee.

Wat moet ik nu doen? Ik heb al een paar keer geprobeerd om Simon te bellen natuurlijk, maar ik krijg geen verbinding.

Er is duidelijk iets mis met zijn telefoon of hij heeft hem gewoon uitgeschakeld. Waarom belt hij me trouwens zelf niet? Als hij me daadwerkelijk is gaan opzoeken, dan moet hij nu toch al weten dat ik niet meer in Londen ben.

Er rijzen steeds meer vraagtekens. Simon, Simon, wanneer gaan wij eens eindelijk een normaal leven krijgen zonder telkens die vragen, die onzekerheden en die angsten?

3 APRIL 19 UUR 40

Ik heb met Simon gebeld, eindelijk. Tenminste, hij heeft mij gebeld. Hij was in alle staten. Nog veel meer in paniek dan ik. Hij had, net als ik, al verschillende keren geprobeerd te bellen, maar hij was er niet doorheen geraakt. Problemen met het netwerk of zoiets en het was zo druk in Londen dat hij tot nu had moeten zoeken om nog een hotelkamer te vinden. Vanavond terugkeren zit er ook niet meer in, alles volgeboekt.

"Ik moest je zien, Sara," zei hij. "Ik was zo blij toen ik eindelijk aan de receptie van je hotel stond. Nog even en ik kon je in mijn armen houden. En wat bleek dan? Je was er niet. Niemand wist waar je naartoe was. Uiteindelijk heb ik via via Mary kunnen bereiken en zij vertelde me dat je naar huis was. Sara, meisje, waarom heb je me niet gebeld om te zeggen dat je vertrok? Ik snap er niks van."

"Ik wilde je verrassen," zei ik, helemaal in tranen. Simon in Londen, ik in Antwerpen. Een wereld tussen ons, water tussen ons in, letterlijk en figuurlijk. Ik wil zoveel met hem bespreken, maar kan dat over de telefoon?
"Ik dacht dat je bij Brenda was," snikte ik.
"Dat ik bij Brenda was? Sara, waarom zou ik bij Brenda zijn? Ik begrijp er echt niks meer van. Je spreekt in raadsels."
"Sorry, ik was helemaal in paniek. Haar naam stond op een map en..."
"Een map? Welke map? Waar heb je het over, Sara. Ik..."

Opnieuw werd de verbinding verbroken en opnieuw was het onmogelijk om elkaar weer te bereiken. Wat een ellende, wat een verschrikkelijke situatie.

3 APRIL 21 UUR 20

Simon heeft me kunnen terugbellen en we hebben meer dan een uur aan de telefoon gehangen. Alles is uitgeklaard. Ik heb weer spoken gezien.
Simon weet van niets wat Brenda betreft en ik geloof hem. Kennelijk heeft zij weer een spelletje gespeeld.

Ja, Simon heeft een paar keer contact gehad met Londen, maar dat was louter toevallig. Iemand die me belde en Simon die mijn telefoon beantwoordde omdat ik niet in de buurt was. Er ontspon zich een spontaan gesprek en hij vertelde hen vol lof over mijn ontwerpen. Meer was het niet.

"Sara, je geloofde toch niet echt dat ik bij Brenda was? Je weet toch dat dat deel van mijn leven voorgoed verleden tijd is. Ik heb geen behoefte meer aan andere vrouwen, totaal niet. Ik ben gelukkig met jou en met Sen, met alles wat we samen delen. Daar mag je toch niet meer aan twijfelen, lieve schat."

Het deed me zo'n deugd om hem dat nog eens te horen bevestigen. Ik hou zoveel van Simon.

"Ik hou ook van jou, lieve meid. Ik meende elk woord wat ik aan de telefoon heb gezegd. Je ontwerpen zijn echt subliem en jij verdient het om in de belangstelling te staan. Bij ons, in Londen, over de hele wereld wat mij betreft. Als iedereen zo dol op je wordt als ik, dan wacht je een gouden toekomst. Al die roem die je te beurt gaat vallen. Bereid je er alvast op voor."

"Er gaat me in het buitenland helemaal geen roem te beurt vallen, Simon."

"Hoezo niet? Mary heeft me verteld hoe lyrisch iedereen hier is over je ontwerpen en hoeveel afspraken je succesvol

hebt afgerond."
"Ja en dat is voldoende voor mij. Ik weet dat ze me goed vinden en dat volstaat. Als ik wil, kan ik contracten tekenen en worden mijn hoedjes in Londen op grote schaal gefabriceerd en verkocht. Maar ik wil het niet, Simon. Ik hoef al die roem daar niet. Ik wil niet constant over en weer reizen tussen thuis en Londen. Ik wil jou en Sen niet om de haverklap een paar dagen moeten missen. Ik heb alles wat ik nodig heb in mijn leven."

"Weet je dat zeker? Het is een gedroomde kans die je laat liggen, Sara. Er zijn talloze ontwerpers die een moord zouden begaan om te krijgen wat jou nu in de schoot wordt geworpen."
"Zal wel en misschien noemen zij me ondankbaar, maar ik ga mijn gevoel achterna, Simon; mijn grootste droom dat zijn jullie, jij en Sen. Het gezin dat wij hebben, daar zouden er ook veel een moord voor begaan. Ik laat het me door niets of niemand afpakken. Het allerlaatste wat ik wil, is minder tijd met jullie kunnen doorbrengen. We hebben het nu al zo druk. Het enige wat ik nog wil doen, is mijn contacten in Londen gebruiken om er wat promotie voor Marnix te maken omdat hij dat zo graag wilt. Mijn hoedjes, dat is slechts een kleine zijstap waar ik hier van geniet tussendoor, meer niet. Ik heb me even door de euforie van het moment laten meeslepen. De foto's en de uitnodiging voor de show waren al geweldig. Ik was ervan overtuigd dat ik na vier dagen weer thuis zou zijn.

Een ervaring rijker, meer niet. En dan overvallen ze je me al hun voorstellen en weet je het even niet meer. Nu weet ik het terug, Simon. Ik doe het niet."

"Sara, ben je zeker? Ga je er later geen spijt van krijgen?"
"Absoluut niet. Dat weet ik heel zeker. Ik maak deze keuze heel bewust en omdat ik weet wat ik wil. Ik wil gelukkig zijn met jou en met Sen, al de rest hoef ik niet."

Die woorden kwamen uit de grond van mijn hart. Ja, het was een mooie kans en het was fijn om te voelen hoe ik in Londen gewaardeerd werd, maar meer dan een mooie droom is het voor mij nooit geweest. Ik heb er even van genoten en door de omstandigheden heb ik me feller laten meeslepen dan ik normaal zou hebben gedaan. Nu sta ik weer met mijn twee voeten stevig op de grond en is de droom voorbij. Ik ben terug op aarde, terug bij Simon.

Tenminste, ik zou bij hem willen en moeten zijn. Door een pijnlijke vergissing zitten we nu zo ver bij elkaar vandaan. Het is verschrikkelijk dat we de nacht nu zo ver van elkaar moeten doorbrengen. Maar de afstand is alleen fysiek. In gedachten voel ik me heel nauw met hem verbonden. De lucht is opgeklaard en we zijn weer een. Ik hou van mijn man en hij houdt van mij. Ik heb me allerlei spookbeelden in het hoofd gehaald en die zijn een eigen leven gaan leiden, meer was er niet aan de hand. Deze nacht zal me dan ook minder zwaar vallen dan alle vorige nachten zonder hem. Ik weet dat hij in hart en ziel bij me is en ik bij hem.

"Ik probeer zo snel mogelijk een rit terug naar huis te krijgen," heeft Simon me beloofd. "Ik verzet hemel en aarde om gauw weer bij jou en Sen te zijn. Fijne nacht, lieve schat en tot morgen."

Morgen zal het hem lukken om terug te komen. Ik kijk er reikhalzend naar uit.

4 APRIL 12 UUR 10

Nog een uurtje en dan mag ik Simon afhalen op de luchthaven. Op de luchthaven ja, want hij vliegt naar huis in plaats van te sporen. De snelste manier om thuis te komen, was met het vliegtuig en daar is hij dan ook voor gegaan. Dat het ons wat extra kost, nemen we er in deze omstandigheden graag bij. Hoe sneller hij bij me is, hoe beter, dat is het enige wat telt.
"Elk half uur hier zonder jou is er eentje te veel, lieve schat," zei hij. Ik voelde hoe mijn hart letterlijk sprongetjes maakte en ik kon wel zingen van blijdschap. Simon maakt me zo gelukkig. Ik hou zoveel van hem. Kan ik dat te vaak herhalen? Ik denk het niet. Ik hou van hem. Ik hou van hem. Ik hou van hem en dat nog eens maal tien, in het kwadraat en honderdduizend keer meer.

4 APRIL 19 UUR 20

Soms kan geluk zo simpel zijn. Ik zit hier in de zetel met een arm van Simon om me heen en Sen die op het tapijt met zijn nieuwe auto's speelt. Alles is uitgepraat tussen mijn man en mij en er is geen vuiltje meer aan de lucht. Dat is er trouwens nooit geweest. Ik heb alles aan elkaar zitten knopen tot een onsamenhangend geheel en me daar ziek in gemaakt terwijl er helemaal niets aan de hand was. Alles wat Simon me vertelde, was waar. Sen is bij vake en Lut blijven slapen omdat die een hondje op bezoek hadden en onze zoon daar helemaal gek op was. Die avond toen ik een vrouwenstem meende te horen, was Sen wel degelijk een luidruchtig spelletje aan het spelen. Ik heb hem hetzelfde spelletje sinds ik terug ben al een paar keer horen spelen. Gekke Sara toch.

Het was zo'n zalig moment toen ik Simon daarstraks de aankomsthal van Zaventem zag binnen komen gelopen. Ik zag mijn eigen man terug, maar de zenuwen gierden me door de keel. Hij liet prompt zijn sportzak vallen en sloot me in zijn armen. We hebben daar minutenlang zo gestaan, zonder iets te zeggen, zelfs zonder te bewegen.
Ik wilde het niet eens meer over Brenda hebben, niet over hoedjes en allerhande misverstanden. Ik voelde dat Simon de mijne was, zonder woorden. Simon zei ook weinig. Het was alleen maar voelen, weten dat de ander er was.

We zijn regelrecht naar huis gereden en na enkele intieme momenten samen was het tijd om met z'n twee onze zoon op te halen. Het mooiste bewijs van onze pure liefde voor elkaar: Sen. We zijn weer compleet, precies zoals het moet zijn. Wat hou ik van mijn twee jongens, wat voel ik me gelukkig als ik hen zo dicht bij me heb.
Hoe haalde ik het in mijn hoofd om te denken dat ik in Londen carrière wilde maken en daarvoor mijn gezin gedeeltelijk opzij willen schuiven. Dat ik zelfs ook maar een moment heb gedacht dat ik gelukkig zou kunnen worden als ik daar zou gaan wonen na mijn scheiding van Simon. Ik zou hem hier met Brenda hebben achtergelaten en Sen over en weer hebben laten reizen tussen zijn moeder en zijn vader. Alsof ik ooit zoiets over mijn hart zou krijgen. Alsof ik ooit zoiets zou aankunnen of zou aandurven. Ik was mezelf niet. Het moet een moment van verstandsverbijstering zijn geweest.

Nee, Londen gaat niet door. De hoedjes blijven bij Présence en wie ze wil hebben, zal ze bij ons moeten kopen. Zo hou ik het ook exclusief. Ik wil geen massaproductie, daar zijn mijn ontwerpen niet voor gemaakt. Hun charme is voor een deel net de kleinschaligheid.
Ik bel morgen alle contactpersonen in Engeland om hen persoonlijk te bedanken voor hun tijd en hun interesse, maar ook om te zeggen dat ik afzie van elke verdere samenwerking. Ze zullen het waarschijnlijk niet leuk vinden en sommigen zullen ongetwijfeld proberen om me toch nog op andere gedachten

te brengen, maar mijn besluit staat vast. Jason hoef ik al niet meer te bellen. Die heb ik al eerder bedankt voor bewezen diensten en ik heb, gelukkig, niets meer van hem gehoord. Hij was een beetje hardhorig, maar uiteindelijk is de boodschap dan toch tot hem doorgedrongen. En alle anderen zullen de boodschap ook moeten laten doordringen.
Ik hoef die glitter en glamour niet. Ik heb genoten van de show, van de aandacht, van de ervaring, maar nu is het over en uit. Ik word weer terug wie ik was. Sara De Roose-Van Wijck die samen met haar man een succesvol modebedrijf runt en geniet van het leven met man en kind. Dat is al veel meer dan ik van het leven ooit had gehoopt te zullen krijgen. Er is een tijd geweest dat ik geloofde dat ik nooit zou trouwen en nooit mama zou worden. Dat ik nu getrouwd ben met de liefde van mijn leven en samen met hem een zoon mag grootbrengen, daar ben ik zo immens dankbaar voor. Ik vind geen woorden die intens genoeg zijn om dat gevoel te beschrijven.

5 APRIL 10 UUR 30

Vandaag gun ik mezelf een dagje vrijaf. Het is druk genoeg geweest de voorbije dagen en in mijn hoofd moet alles een beetje tot rust komen terwijl ook mijn lichaam wel wat ontspanning kan gebruiken. Ik ben net Sen naar school gaan brengen met de fiets en heb daar wat over koetjes en kalfjes gepraat met andere mama's. Gezellig zo wat kletsen aan de schoolpoort. Een leuk begin van de dag dat ik nog heb afgesloten met een bezoekje aan de wekelijkse markt. Ik heb er wat inkopen gedaan en een koffietje gedronken en ik voel me nu zalig relaxed. Ik herhaal: hoe weinig heeft een mens eigenlijk nodig om zich gelukkig te voelen?

Zo meteen ga ik bij vake en Lut middageten. Ik heb hen zelf gevraagd of dat voor hen paste.
"Natuurlijk, Saraatje, we zijn alle twee thuis vandaag. Je bent meer dan welkom, altijd, dat weet je toch. Ik vraag aan Lut of ze een gehaktbroodje met kriekjes kan maken. Dat vind jij och zo lekker hé en ik ook natuurlijk."
Ik hoop dat ik het me niet verbeeldde, maar ik ben bijna overtuigd van het feit dat het daar weer beter gaat en dat ons vake alleszins weer een stuk opgewekter klonk.

Maar nu eerst de bloemen die ik van de markt heb meegebracht in een vaas zetten en een deel ervan opzij houden voor het kerkhof. Ik wil ons moeke persoonlijk gaan bedanken omdat ze me weer eens gesteund en geholpen heeft.

5 APRIL 11 UUR 40

Iedereen in Londen is gebeld en zoals ik al verwachtte, was

de ontgoocheling groot en waren er verschillende contactpersonen die toch nog probeerden om me op andere gedachten te brengen. Ik heb me door geen van hen laten ompraten of geen van hen heeft me zelfs maar doen twijfelen. Ik weet wat ik wil en daar ga ik nu voor.
Degene die me meteen begreep en geen vragen stelde, maar alleen maar zei dat ze blij was dat ik weer zo gelukkig klonk, was Mary. Zoals ik eerder al schreef: met haar heb ik er een vriendin voor het leven bij. Over een paar weken is Mary trouwens in België voor het werk en dan hebben we alvast afgesproken dat ze bij ons thuis komt eten. Ze kan niet wachten om Simon en Sen te leren kennen, zegt ze. Wat een heerlijke vrouw. Alleen al haar leren kennen, was de moeite van het hele Londen-avontuur meer dan waard. Ik weet zeker dat Simon en Sen haar ook graag zullen hebben en zij hen. Later kunnen we eens met z'n allen afspreken, haar gezin en het onze. Lijkt me zo leuk.

Oké, tijd nu om naar vake en Lut te vertrekken en *fingers crossed* (ja dat Engels laat me toch nog niet helemaal los) dat het bij hen ook al maar weer goed zit.

5 APRIL 14 UUR 50

Wat een zalige middag was het bij vake en Lut, samen met Sen. Lut had pannenkoeken gebakken. Hartige met spek en kaas en zoete met siroop en we hebben er allemaal van gesmuld alsof we in geen jaren nog eten hadden gezien. We aten zelfs zoveel dat vake na het eten het knoopje van zijn broek los moest zetten en dat ik er ook een overeten gevoel aan overhield ☺. Ik wil de stapel die we naar binnen hebben gewerkt liefst niet meer voor mijn ogen zien.

We hebben gelachen tot onze buiken er zeer van deden en ik weet het nu zeker: het gaat weer helemaal goed met vake en Lut. Ons vake is weer zijn oude, optimistische zelf en Lut straalt opnieuw.

"Ja, het gaat weer goed en ik ben heel gelukkig. Er is plots een verandering gekomen," vertelde Lut toen we samen aan de afwas stonden. "Hij heeft opnieuw de klik gemaakt en we hebben een open en eerlijk gesprek gehad. Ook over je moeke. Ik heb je vake er nog eens op gewezen dat ik het helemaal niet erg vind als hij zijn verdriet om haar met me deelt of verhalen over haar vertelt. Integendeel zelfs. Ik vind het veel erger als hij zich in zichzelf terugtrekt en mij geen kans laat om hem te helpen. Ik snap dat hij momenten heeft waarop het hem toch nog naar de keel grijpt, maar dat hij me dat dan zegt, dan weet ik waar het over gaat en dan kan ik hem de tijd geven die hij nodig heeft. Hij begrijpt dat nu. Hij weet ook niet waar die tristesse opeens vandaag kwam, maar hij voelt zich nu weer een stuk beter en volgende week gaan we samen een weekendje weg. Een weekendje Amsterdam. Ik kijk er zo naar uit.

Je vake is de man van mijn leven, Sara. Ik ben zo blij dat het weer goed is allemaal. En ik ben ook zo blij dat jij weer terug bent. Het leven is niet hetzelfde als jij niet in de buurt bent. Ik zag ook hoe Sen en Simon je misten en dat greep me naar het hart, echt waar."

Ik heb hen bij het afscheid allebei eens extra stevig geknuffeld, de schatten. Wat zou mijn leven zijn zonder hen? Lut is voor ons allemaal een hemels geschenk en wie weet heeft ons moeke haar wel gestuurd.

Daar heb ik haar dan ook voor bedankt, ons moeke, toen ik net bij haar graf stond om er de bloemetjes te leggen. Ik heb haar bedankt voor Lut, voor het feit dat het weer goed gaat tussen haar en vake en voor mij en Simon. Ik blijf geloven dat ons moeke ons helpt bij alle zware problemen in ons leven. Misschien is het een waanbeeld, maar ik put er moed uit en zolang ik dat doe, zal ik er ook in blijven geloven.

Terwijl ik wegliep van bij het graf van ons moeke, kwam ik nog een oude schoolvriendin tegen, nu ja een klasgenote, een vriendin is ze nooit echt geweest. Nu kwam ze recht op me toe gelopen, zei ze dat ze blij was van mij te zien. De tranen blonken in haar ogen.
"Ik kom hier voor mijn man," zei ze. "Twee jaar geleden is hij gestorven. De kanker uit zijn jeugd was teruggekomen, meedogenloos en niet te overwinnen dit keer."

Ik ben een eindje met haar meegelopen tot bij de uitgang van het kerkhof.
"Gelukkig heb ik onze tweeling nog," zei ze. "Die houden me recht. Ze zijn nog te klein om het allemaal te begrijpen en ze vullen het huis met vreugde waar het anders leeg en koel zou zijn."
We hebben elkaar bij het afscheid omhelsd en ik heb haar mijn telefoonnummer gegeven zodat ze me kan bellen als ze een keer behoefte heeft aan een gesprek. Ik heb zo met haar te doen. Verschrikkelijk gewoon en eens te meer het bewijs dat we ten volle van elkaar en van het leven moeten genieten. Voor mij een extra motivatie om de volgende keer dat ik nog eens aan Simon twijfel meteen met hem te praten en alle misverstanden te vermijden. Het leven is te kort om het elkaar moeilijk te maken."

5 APRIL 15 UUR 30

Sen en ik zijn weer thuis. Ik ga zo een tekenfilmpje met hem zien, met mijn kleinste schat. Hij heeft mijn aandacht gemist en ik heb hem gemist.
Op weg naar huis ratelde hij aan een stuk door. Zoveel verhalen van zijn week die ik heb gemist. Verhalen over school, over zijn vriendjes en zijn vriendinnetje. Over vake en Lut en het hondje dat ze op bezoek hadden. Over de films die hij met

papa in bed heeft gezien. Hij wist niet van ophouden. Je mist zoveel in een week tijd. Wat een geluk dat ik Londen *bye bye* heb gezegd.

Nee, die verhalen van mijn zoon, daar kunnen geen tien prachtige steden als Londen tegenop. Ik hoef geen carrière in het buitenland en niet nog meer geld en meer aanzien. Ik zal nog hoedjes maken omdat ik dat graag doe en omdat we ze hier kunnen verkopen, maar meer niet. Het enige wat ik wil, is dit geluk. Het grootste geluk uit mijn leven. Dit huis met mijn twee prachtige mannen.
Straks, voor Simon hier is, duik ik de keuken in en ga ik lekker koken voor mijn mannen en voor mezelf. Als we dan samen aan tafel zitten, Simon en ik een glaasje wijn drinken en Sen weer tatert, zal ik zielsgelukkig van de een naar de ander kijken en nog maar eens beseffen hoe gelukkig ik ben. Mezelf in de arm knijpen en denken:

SOMS KOMEN DROMEN UIT!

Ria Maes vormt sinds kort samen met Aron Wade het schrijversduo Maes&Wade.
Hun eerste misdaadroman *Pan* ligt nu overal in de winkel.

Segunda